부자의 뇌를 만들어 꿈꾸는 멋진 삶을 살게 될

_____ 님에게 드립니다.

부자의 뇌

ISSHO OKANE NI KOMARANAI NOU NO TSUKAIKATA
Copyright © 2023 by Kenichiro MOGI
All rights reserved.
First original Japanese edition published by Liberalsya, Japan.
Korean translation rights arranged with PHP Institute, Inc. through Danny Hong Agency.

이 책의 한국어판 저작권은 대니홍에이전시를 통한 저작권사와의
독점 계약으로 ㈜북이십일에 있습니다.
저작권법에 의해 한국 내에서 보호를 받는 저작물이므로 무단전재와 복제를 금합니다.

저절로 돈을 쌓는 상위 1퍼센트 부자들의 뇌 사용법

부자의 뇌

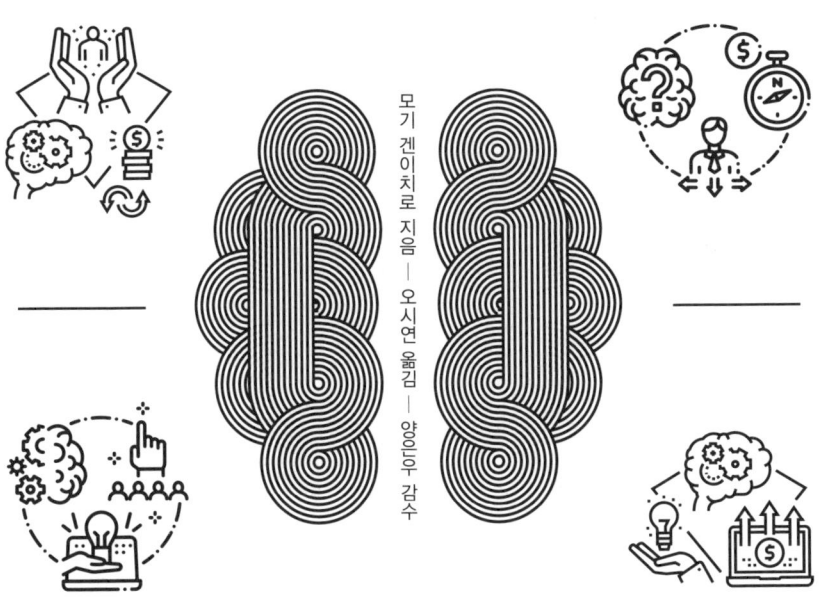

모기 겐이치로 지음 — 오시연 옮김 — 양영은 감수

21세기북스

일러두기
- 본문에 옮긴이와 감수자가 부연 설명한 내용은 괄호문과 함께 '—옮긴이', '—감수자'를 각각 표기했다.
- 한국어판에서는 국내 독자의 이해를 돕기 위해 각 장에 감수자 칼럼을 추가로 실었다.

들어가며

뇌가 당신의 돈버릇을 만든다

우리 '뇌'와 '돈'은 매우 깊은 관계를 갖고 있다. 그래서 부자와 가난한 사람 사이에는 사고방식과 행동 패턴에서 뚜렷한 차이가 나타난다.

말하자면 사람들은 흔히 두 가지 대조적인 뇌의 특징을 가지고 있다. 하나는 부자와 성공한 사람에게 공통되게 관찰되는 '부자 뇌'다. 또 다른 하나는 돈이 좀처럼 모이지 않는 '가난한 뇌'다.

부자 뇌는 '돈이 돈을 낳는다'라는 사고방식으로 사물을 생각한다. 세상의 성공한 사람들은 거의 예외 없이 부자 뇌를 가졌다.

반면 가난한 뇌는 월급이 들어오면 바로 먹고 마시는 데 돈을 쓰거나 충동구매를 하려고 마음먹는다. 그렇게 잠시 부자가 된 기분을 맛보며 쾌감을 느낀다. 이런 소비 행동은 일시적으로 욕구를 충족시킬 수는 있겠지만 그 만족감은 얼마 가지 않아 사라진다.

이 책은 뇌과학의 관점에서 인간 본성에 내재한 뇌와 돈의 밀접한 관계를 탐구한다. 그리고 살펴본 사실을 바탕으로 뇌를 어떻게 써야 부를 축적할 수 있고, 또 가난한 뇌에서 벗어나 부자의 뇌를 소유할 수 있는지 이야기한다.

자, 여기서 한 가지 흥미로운 질문을 하겠다.

'사람들은 왜 돈을 모으려고 할까?'

우리는 당장 필요한 것이 없어도 예금이나 적금을 한다. 이것은 돈을 모으려는 무의식적 행동으로 볼 수 있다.

실제로 저축은 뇌가 인간의 행동에 영향을 줘서 나타나는 전형적인 행동 패턴 중 하나다.

저축이라는 행위는 본질적으로 미래에 대한 투자다. 우리 뇌가 '나의 미래는 밝다'라고 믿기 때문이다.

한 연구 결과에 따르면, '당신은 앞으로 얼마나 더 살 것 같습니까?'라는 질문에 많은 사람이 스스로 평균수명보다 더 오래 살 것이라고 예측했다. 사실 수십 년 후에 자신이 살아 있을지는 아무도 모른다. 그런데도 저축을 한다는 것은 미래에 대한 투자이자 아무런 근거는 없지만 자신의 미래에 분명 좋은 일이 일어날 것이라는 믿음의 표현이다.

결론적으로 저축은 단순한 경제적 행위를 넘어서 우리 뇌가 가진 낙관주의가 드러나는 행동이다.

동시에 저축은 인생의 불확실성에 대비하는 행동이다.

인생은 본래 불확실성에서 벗어날 수 없다.

우리는 미래의 일을 알 수 없지만, 그럼에도 가능하면 불확실성에서 벗어나 안전한 곳에 자리 잡기를 원한다. 그런 안전지대를 만들기 위해 다양한 경험을 하고 인맥을 넓히면서, 자신의 가치관을 가지고 살아간다.

그렇게 함으로써 우리 뇌는 불확실성을 받아들이는 균형을 유지하기 위해 노력한다. 이때 안전지대 중 하나가 바로 저축, 즉 돈이다.

돈이 충분히 있으면 사람은 심리적으로 안심이 된다. 그런 심리적 안정감을 바탕으로 적극적으로 행동할 수 있다.

이처럼 평소 우리가 무심코 하는 돈에 관한 거의 모든 생각과 행동은 뇌의 지배를 받는다는 사실을 기억하자.

돈에 관한 이야기는 원래 불편하다.
나 또한 가족이나 친구들과 직접 얼굴을 맞대고 돈 이야기를 하는 것이 쉽지 않다. 하지만 우리 인생의 방향성을 명확히 보기 위해서는 돈을 어떻게 벌고 싶고, 또 어떻게 의미 있게 쓰고 싶은지 깊이 생각해 봐야 한다.
성공한 사람과 부자는 돈에 관한 이야기를 숨겨야 하는 주제로 생각하지 않는다. 그들은 긍정적이고 진지한 태도로 돈에 대한 사실과 자신의 관점을 당당하게 이야기한다. 반면 경제적으로 어려움을 겪는 사람은 돈 이야기를 피하려는 경향이 있다.

돈에 대해 자연스럽게 이야기할 수 있는 사람은 돈을 잘 이해하고 알고 있는 사람이다. 수입과 지출뿐 아니라 절약과 투자 같은 세부적인 부분까지 꾸준하고 열심히 공부한다. 이러한 풍부한 지식과 성실함이 그들을 부자로 만드는 것이다.

돈이 없으면 인간은 불안해진다.
그럼 돈이 있으면 인간은 과연 행복해질까?

돈이 많으면 인간은 정말 긍정적으로 살아갈 수 있을까?

인류의 영원한 화두인 돈에 대해 우리가 고민해 봐야 할 중요한 질문들이다.

나는 뇌과학의 최종 목표는 '인간의 행복에 기여하는 것'이라고 늘 강조해 왔다.

이 책은 인간의 삶에 지대한 영향을 미치는 **뇌와 돈의 메커니즘**을 뇌과학적 관점에서 살펴볼 수 있도록 도울 것이다. 그럼으로써 당신의 밝은 미래와 인생의 행복을 이루는 데 실질적인 힘이 될 수 있다면 이 책의 저자로서 더할 나위 없이 기쁘겠다.

차례

들어가며 | 뇌가 당신의 돈버릇을 만든다   5

1장 당신의 뇌는 부자 뇌인가, 가난한 뇌인가

부자 뇌와 가난한 뇌의 결정적 차이   17
부자만 아는 독특한 뇌 사용법   23
지금처럼 생각하며 살 것인가   26
인생에 찾아온 기회를 잡고 싶다면   29
저축을 많이 하거나 적게 하거나   34
돈만 많다고 뇌는 안심하지 않는다   38
돈을 쓸 때 내가 느끼는 감정   42
뇌를 불행하게 만들지 않으려면   46
돈과 불안 사이 균형 잡는 뇌   50
뇌에 오래도록 남는 경험에 돈을 써라   54
낯선 환경을 적극적으로 찾아가라   58
주변에 늘 안테나를 켜고 유연한 자세로   61
감수자 칼럼 | 돈을 미워하지 말고 사랑하라   65

2장 나에게 돈이란 무엇일까

뇌가 본능적으로 돈을 좇는 이유	71
'살아 있는 돈 사용법'을 아세요?	74
인생을 돈으로 바라보는 사람	78
연봉 1억 원이면 만족할 수 있을까	82
부자들은 돈으로 행복을 사지 않는다	88
성공의 본질은 돈이 아니다?	91
마음을 가난하게 만드는 먹고사니즘	96
부자들의 자본은 돈만이 아니다	99
성공한 CEO 중 유대인이 많은 이유	102
억만장자가 대저택, 고급차보다 좋아하는 것	105
감수자 칼럼 ㅣ 돈, 행복의 필수가 아닌 필요조건	110

3장 돈을 부르는 뇌의 비밀

뇌는 가진 돈만큼 움직인다	117
투자에 필요한 '잡식성' 뇌	120
큰돈은 아주 작은 혁신으로 벌 수 있다	123
기분에 마법을 걸어라, 돈이 돌고 돈다	126
감수자 칼럼 ㅣ 불확실한 미래에 불안을 느끼는 뇌	129

4장 돈을 부르는 인간관계의 비밀

돈, 인간관계를 시각화하는 도구	135
부자들이 가장 아낌없이 투자하는 한 가지	138
당신의 뇌에 감동을 선물하라	143
부자의 주변에 부자가 많은 이유	148
부를 부르는 사람은 저절로 찾아오지 않는다	153
인생의 승자 편에 서는 사람은 '이것'이 다르다	158
감수자 칼럼 │ 부자들이 레버리지를 공부하는 이유	162

5장 부자의 뇌를 만드는 7가지 습관

흔들리지 않는 돈의 감각을 가져라	169
성공한 사람들이 직감을 단련하는 이유	174
부자들의 성공 가능성은 100퍼센트?	179
인생 경영에는 여러 선택지가 필수다	183
투자에 타고난 DNA는 따로 없다	186
부자는 진심과 전략을 겸비한다	190
경험하고, 감각을 쌓고, 원칙을 세워라	194
감수자 칼럼 │ 부자들이 좋은 의사결정을 하는 이유	197

6장 평생 돈 걱정 없는 뇌 사용법

나만의 자본 씨앗을 싹 틔워라   203
돈은 좋은 기운을 찾아간다   206
부자 뇌는 좋아하는 것을 돈으로 바꾼다   210
얕은 유대에서 발견할 수 있는 보물   213
돈에 대한 감각을 키우는 트레이닝   216
돈을 얼마나 벌었는지는 결과일 뿐   220
뇌는 일의 행복감을 원한다   223
감수자 칼럼 | 부의 파이프라인을 늘려라   227

7장 돈이 움직이는 세상을 읽어라

최고의 자본은 부자의 뇌다   233
아이디어가 무조건 돈이 되는 시대   237
새로운 언어로 정보를 선점하라   241
영어로 더 넓은 시장에 나를 소개하라   246
교육에 대한 고정관념을 깨뜨리자   249
돈을 대하고 다루는 수업이 필요하다   253
정보, 인재, 돈의 선순환 관계   255
돈을 버는 기업이 가진 비밀   259
감수자 칼럼 | 좋은 아이디어는 쉽게 돈이 된다   261

나오며 | 돈을 부르는 뇌의 주인이 되라   264

1장

★ ★ ★ ★ ★

당신의 뇌는 부자 뇌인가, 가난한 뇌인가

부자 뇌와 가난한 뇌의 결정적 차이
부자만 아는 독특한 뇌 사용법
지금처럼 생각하며 살 것인가
인생에 찾아온 기회를 잡고 싶다면
저축을 많이 하거나 적게 하거나
돈만 많다고 뇌는 안심하지 않는다
돈을 쓸 때 내가 느끼는 감정
뇌를 불행하게 만들지 않으려면
돈과 불안 사이 균형 잡는 뇌
뇌에 오래도록 남는 경험에 돈을 써라
낯선 환경을 적극적으로 찾아가라
주변에 늘 안테나를 켜고 유연한 자세로
감수자 칼럼 | 돈을 미워하지 말고 사랑하라

부자 뇌와 가난한 뇌의
결정적 차이

사람들이 뇌를 사용하는 방법을 기준으로 뇌와 돈의 관계를 생각하면 두 가지로 분류할 수 있다. 부자의 뇌(부자 뇌) 사용법과 돈을 좀처럼 모으지 못하는 가난한 사람의 뇌(가난한 뇌) 사용법이다.

쉽게 말하자면, 부자 뇌는 돈을 늘리는 데 집중하고, 가난한 뇌는 오로지 돈을 쓸 궁리만 한다.

그동안 많은 부자를 만나 온 경험과 사례를 살펴봤을 때 먼저 꼭 짚고 싶은 점이 있다.

바로 대부분의 부자가 태어날 때부터 부자는 아니었다는 사실이다.

그들은 자신에 대한 투자를 게을리하지 않고, 10~20년 후의 미래를 내다보며, 보통 사람들보다 훨씬 더 열심히 노력해 부를 일궈 낸다.

구체적으로 말하면 돈이 돈을 만들어 내는 구조를 이해하기 위해 경제·금융 서적을 끊임없이 탐독하고, 성공한 사람들의 세미나와 강연에 적극적으로 참여해 용기를 내서 자신을 소개하고 인맥을 쌓는다. 이러한 노력들을 통해 스스로 역량을 키우고, 자신의 가치와 사회적 평가를 높여 나간다.

==즉 부를 창출할 수 있는 자기계발에 전념한 사람이 결국 부자가 된다.==

반면 '나는 타고난 능력과 물려받을 부가 없다'라며 부자의 뇌로 생각하고 행동하는 일을 처음부터 포기하고, 그저 생계만 유지하기 위해 일하는 자세는 가난한 뇌를 가진 사람이 보이는 전형적인 패턴이다.

이렇게 열정 없이 마지못해 일하는 사람들은 대개 진정으로 무언가에 몰두해 본 경험이 부족하다.

하지만 부자 뇌를 가진 사람은 자신이 열정을 느끼는 일을 직업으로 삼는다. 그래서 힘든 상황에 직면해도 억지로 견딘다고 생각하지 않는다.

원하는 목표를 달성해서 부자가 되고 싶은 당신을 위해 부자의 뇌와 가난한 뇌의 결정적인 차이점을 소개하겠다.

나는 어떤 뇌를 가졌는지 확인해 보자.

부자의 뇌 특징

- 인간관계가 넓다
- 미래를 위한 투자에 돈을 아끼지 않는다
- 호기심이 왕성하다
- 누구에게든 자기가 모르는 부분을 솔직하게 질문한다
- 다른 사람의 조언을 듣고 즉시 실천한다
- 다른 사람의 좋은 점을 즉시 받아들인다
- 편견이 적다
- 무언가를 할 때 '일단 해 보자'라고 생각한다
- 꿈이나 목표가 뚜렷하다
- 아침형 인간이 많고, 건강을 유지하기 위해 노력한다

🌸 가난한 뇌 특징

- 급할 때 의지할 수 있는 친구나 지인이 별로 없다
- 다른 사람의 의견과 행동에 쉽게 휩쓸린다
- 주는 것보다 받는 것만 생각한다
- 항상 수동적이고 피해망상에 자주 사로잡힌다
- 입버릇처럼 '하지만' '그래도' '어차피'라는 말을 쓴다
- 정신을 차리면 늘 불평 중이다
- 하기 싫은 일은 항상 미룬다
- 눈앞의 이익만 좇는다
- 꿈이나 목표를 정하지 못한다
- 몸 관리에 신경 쓰지 않고 건강하다고 느끼지 못한다

자, 어떤가?

만약 당신이 부자의 뇌 특징을 많이 가진 사람이라면 당장은 부자가 아니어도 머지않아 부를 쌓을 가능성이 크다. 그러니 **스스로 믿고 앞으로 나아가자.**

그렇다면 가난한 뇌에 해당하는 사람은 발전할 희망이 없는 것일까? 절대 그렇지 않다. 지금부터 노력하면 얼마든지 당신의 뇌와 인생을 변화시킬 수 있다(저자는 부자의 뇌가 긍정적인

정서를 가지고 있으며 도전적이고 개방적인 반면, 가난한 뇌는 부정적인 정서에 휩싸여 있고 근시안적이며 나쁜 습관이 많다고 설명한다. 긍정적인 정서는 뇌의 해마를 활성화해서 기억과 학습 능력을 높여줌으로써 자신의 역량을 키우는 데 투자를 아끼지 않도록 만든다. 삶을 즐겁고 행복하게 여기게 되어 장기적으로 미래를 계획하는 습관을 갖게 되고, 운동을 통해 건강을 관리하게 된다. 실제로 다양한 연구 결과를 종합해 보면 부자일수록 뚜렷하고 명확한 목표를 갖고 있으며 실행력이 높고 운동이나 독서에 투자하는 시간이 많다고 한다.

반면 부정적인 정서는 알 수 없는 불안이나 두려움, 분노 등을 불러올 수 있다. 관계 호르몬인 옥시토신oxytocin 분비가 제대로 이루어지지 않아 사람을 쉽게 신뢰하지 않고 의심하며 혼자서 모든 일을 해결하려고 한다. 부정적인 감정이 사고를 지배하므로 부정적인 언어 습관이나 태도가 몸에 배게 되고, 스트레스 호르몬의 지배를 받아 면역 체계가 약화된다. 가난한 사람들은 미래의 불확실성이 상대적으로 크므로 뚜렷한 목표나 꿈을 가지기 어렵고, 장기적인 관점에서 투자에 관심을 갖는 대신 현실적인 만족을 추구하는 경향이 강하다. 이러한 차이는 쉽사리 바뀌지 않지만 사고를 바꾸려는 노력을 계속하다 보면 뇌의 가소성으로 신경 회로의 연결이 달라지고, 뇌 안에서 분비되는 신경전달물질이나 호르몬이 달라지면서 감정이 변화할 수 있다. 감정이 변화하면 정서도 긍정적으로 바뀔 수 있다―감수자).

꼭 기억하라. 부자의 뇌와 가난한 뇌는 타고난 것이 아니라는 사실을. 일상에서 아주 작은 습관들을 개선해 나가기만 해도 누구나 부자의 뇌로 바뀔 수 있다!

기본적으로 인간의 뇌는 어떠한 환경에서든 적응할 수 있다. 부자의 뇌를 가진 사람의 관점과 사고방식을 잘 보고 느끼고 익힌다면 당신의 뇌를 부자 뇌로 바꾸는 길이 활짝 열릴 것이다.

부자 뇌를 만들자!

일상에서 작은 것들만 바꿔도 누구나 부자의 뇌로 바뀔 수 있다.

부자만 아는
독특한 뇌 사용법

가난한 뇌를 가진 사람은 '왜 나는 돈과 인연이 없을까?' 혹은 '어떻게 하면 부자가 될 수 있을까?' 하고 고민한다. 하지만 가난한 뇌를 부자 뇌로 전환하지 않는다면 설령 운 좋게 투자나 복권으로 큰돈을 손에 넣더라도 결국 다시 가난한 삶으로 돌아가게 될 것이다.

반면 부자의 뇌를 가진 사람은 사업에 실패해서 일시적으로 가난해져도 다시 부자가 될 수 있다. 한번 형성된 부자의 뇌는 평생 당신 인생의 든든한 버팀목이 되어 행복한 삶을 영위하는 데 필수적인 도구가 된다는 뜻이다.

부자에게는 그들만의 독특한 두뇌 사용법, 즉 '부자 사고법'이 있다. 이 부자 사고법은 비즈니스에서 성공하기 위한 부자 특유의 뇌 사용법이자 미래의 자신을 위해 공부하고 행동하기 위한 뇌 사용법이다.

가난한 뇌를 가진 사람일수록 즉각적인 결과를 원하고, 눈앞의 이익이나 돈을 추구한다. 하지만 당장 500만 원을 받기보다 10년 후 10억 원을 벌 수 있는 것에 집중해야 한다. 그러기 위해서는 현재의 어려움을 견디며 자신에게 꾸준히 투자해야 한다. 명확한 목표를 설정하고 그 목표를 향해 꾸준히 나아가는 것이 중요하다.

현재의 고통에서 벗어날 즉각적인 탈출구를 찾기보다는 10년 후의 확실한 비전에 집중하며 어떻게 나의 가치를 높일 것인지를 생각하는 것이 부자의 뇌가 사고하는 방식이다. 부자 뇌를 만드는 첫 단계로 자신에게 다음과 같은 질문을 던져보자.

10년 후, 나는 어떤 사람이 되고 싶은가?
그때 돈을 얼마나 벌고 싶은가?

여기서 핵심은 '가능성'을 기준으로 생각하지 않는 것이다.

대신 '10년 후 어떤 모습일 때 진정으로 행복할까?' 혹은 '나는 얼마나 벌어야 성공이라고 생각하는가'와 같은 질문에 솔직하게 답해 봐야 한다.

인간의 뇌는 쾌감과 행복을 느끼게 하는 행동을 강화하는 특성이 있다(뇌의 기본 작동 원리는 보상reward, 강화reinforcement, 회피avoidance다. 무언가를 해서 기분 좋은 느낌이나 만족감, 즐거움 등을 얻으면(보상) 뇌는 그 행동을 반복해서 동일한 쾌감을 얻으려고 한다(강화). 반면 무언가를 해도 즐겁거나 기쁜 마음이 생기지 않으면 그 행위는 하려고 하지 않는다(회피). 우연히 선행을 베푼 결과, 뿌듯한 감정을 느낀 사람은 같은 감정을 얻기 위해 선행을 반복하려고 한다. 이것이 인간 행동의 기본적인 원리다—감수자). 이 메커니즘을 잘 활용하면 부자 뇌를 만드는 데 필요한 행동을 적극적으로 실천할 수 있다. 그러니 자신의 목표를 반드시 이룰 수 있다는 전제로 미래를 설계해 보자.

부자 뇌를 만들자!

'10년 후, 나는 어떤 사람이 되고 싶은가?'라는 질문에 답해 보자!

지금처럼 생각하며
살 것인가

부자와 가난한 사람은 발상부터 다르다.

만약 부자와 가난한 사람의 사고 패턴이 동일하다면 부의 편중은 존재하지 않을 것이다. 남다른 발상에는 필연적으로 위험이 따르지만, 부자들은 독특한 발상과 아이디어를 통해 큰 보상을 얻어 부를 축적한다. 따라서 부자의 발상력을 갖추기 위해서는 얼마나 유연한 사고를 할 수 있는지가 관건이다.

우리는 성인이 되면 다양한 형태의 조직에 들어간다.

그러다 몇 년이 지나면 대부분은 사회 초년생 시절에 품었던 포부를 잃고 현실에 순응하는 직장인으로 변모한다.

가난한 뇌는 일단 자신의 욕구를 충족시키는 데 급급한다. 돈이 많았으면 좋겠다고 생각하면서도 '이 정도면 됐지 뭐' 혹은 '평범한 게 최고야'라고 안주한다. 이런 식으로는 아무리 시간이 지나도 부자가 될 수 없다(뇌의 작동 원리 중 하나인 보상은 즉각적으로 즐거움을 얻을 수 있는 '단기 보상'과 오랜 시간이 지나서야 효과를 얻을 수 있는 '장기 보상'으로 나눌 수 있다. 장기 보상을 얻기 위해서는 현재의 만족을 억누르는 만족 지연이나 충동을 억제할 수 있는 자기 통제가 필요하다. 돈을 써서 당장의 즐거움을 추구하는 것은 단기 보상에 해당하지만 돈을 늘리는 것은 오랜 기간을 두고 결과를 추구하는 장기 보상에 해당한다. 가난한 뇌는 미래의 불확실성을 감당할 수 있는 역량이 부족하므로 현재의 만족이나 즐거움을 추구하는 성향이 강한 반면, 부자의 뇌는 미래의 불확실성을 감당할 능력이 크므로 현재뿐 아니라 미래의 만족을 위해 대비하려고 한다—감수자).

'이 상태를 타파할 수 있는 사고와 발상을 할 수 있는가? 그리고 실행할 수 있는가?' 이것이 미래의 행복을 좌우한다.

용기를 내어 자신의 껍데기를 깨고 나와야 비로소 내 현실의 모습과 이상의 모습이 얼마나 차이 나는지 명확히 인식할 수 있다.

마치 마취 주사를 맞은 것처럼 그럭저럭 편하게 직장 생활을 계속할 것인가? 아니면 지금까지 쌓아 온 경험과 가치관을 바탕으로 새로운 도전을 모색할 것인가? 이것이 부자가 되기 위한 첫 번째 전환점이다.

이런 도전은 승진 경쟁에 뛰어들거나 창업을 결심하는 등 다양한 형태로 나타난다. 물론 선택에는 항상 위험이 따르기 마련이다.

사실 여기서도 부자 뇌와 가난한 뇌의 차이가 드러난다.

성공적인 비즈니스 리더는 '부자의 뇌'를 가진 사람들이다. 그들은 비즈니스의 구조를 정확히 이해하고, 세간의 평가와 동향을 객관적으로 분석할 수 있다. 또한 닥쳐올 위험을 효과적으로 회피하면서 어떤 활동을 하면 수익을 창출할 수 있는지에 대해 자신만의 답을 내는 통찰력을 갖추고 있다.

물론 사업을 하다가 빚더미에 오르는 사람도 있지만, 이것은 부자의 뇌가 충분히 훈련되지 않았기 때문이다.

부자 뇌를 만들자!

부자의 뇌가 가진 발상력은 얼마나 유연한 사고를 할 수 있는지에 달렸다.

인생에 찾아온
기회를 잡고 싶다면

　빚을 갚지 못하고 결국 파산하는 사람이 있다. 이는 과도한 위험(리스크)을 감수한 결과이며 가난한 뇌의 한 단면을 보여 준다.

　우리는 종종 '더 많은 위험 요소를 감수해야 한다'라는 말을 듣는다. 사실 이 말은 무조건 위험을 감수하라는 뜻이 아니다. 안정감과 확실함을 강하게 추구하는 대다수의 성향을 고려한 조언이다. 즉 '적절한 수준에서 조금 더 위험 요소를 수용하자'라는 의미로 해석할 수 있다.

　이때 확실성과 불확실성의 균형을 맞추는 능력이 요구된다.

비즈니스에서도 마찬가지다. 만약 당신이 신제품을 개발한다면 한 방에 홈런을 노리는 승부를 할지, 아니면 안타와 번트로 꾸준히 득점을 올릴지 선택해야 한다.

여기서 주목해야 할 점은 **장외 홈런을 치는 사람이 헛스윙도 많이 한다**는 것이다. 이런 불확실성에 대한 선택은 우리 일상에서도 빈번하게 일어난다.

예를 들어, 회의 중 의견을 개진하는 것도 확실성과 불확실성을 고려한 일종의 위험 요소 감수 행위다. 당신이 내는 의견이 좋은 평가를 받을 수도 있지만 '무슨 말도 안 되는 소리를 하는 겁니까?'라고 비판받을 수도 있다.

그래서 위험 요소를 감수하지 못하는 사람은 회의 중에 발언을 거의 하지 않는다(긍정심리학의 대가 마틴 셀리그먼Martin Seligman은 이러한 현상을 '학습된 무기력learned helplessness'이라고 지적한다. 그는 스물네 마리의 개를 세 그룹으로 나누어 한 공간에 가둔 후 전기 충격을 가하는 실험을 했다. A 그룹은 우리에 차단 장치를 설치해서 전기 충격이 가해졌을 때 개들이 주둥이나 발로 그 장치를 건드려서 전기를 차단할 수 있도록 했다. B 그룹은 특별한 차단 방법 없이 가해지는 전기 충격을 고스란히 감수해야 했다. C 그룹에는 어떠한 전기 충격도 가하지 않았다. 24시간이 지난 후, 연구팀은 실험 방식을 변경해 모든 우리에 쉽게 넘어갈 수 있는 안전지대를 설치하고 전기 충격을 줬다. 그러자 A 그룹의 개들은 모두 안전지대로 피했고, C 그룹 역시 처음 받는 자극에 놀라서 안전지대로 피했다. 반면 이전 실험에서 전기 충격을 피할 수 없었던 B 그룹에 속한 개들은 손쉽게 안전지대로 피할 수 있는 상황임에도 여덟 마리 중 여섯 마리가 대피하지 않고 전기 충격을 고스란히 받아들였다. 학습에 의해 무기력 상태에 놓인 것이다. 회의 중에 발언을 피하는 사람은 상사의 비난이 두려워 무기력 상태가 되었고, 이 위험 요소를 피하기 위해 침묵하는 것이라고 볼 수 있다—감수자).

강연회에서 질문을 하거나 영업 사원이 새로운 시장을 개척하는 것도 위험 요소 감수라고 볼 수 있다. 이런 경험은 위험 요소 관리 능력을 키우는 데 도움이 된다.

특히 확률론적으로 생각했을 때 시도 횟수가 많지 않으면 충분한 데이터를 확보할 수 없으므로 위험 요소를 감수하기 어려워진다.

단 한 번의 투자만을 경험한 투자자는 당연히 데이터가 부족할 수밖에 없다. 반면 투자 횟수가 100회나 1,000회가 되면 정보가 축적되어 자신에게 맞는 위험 요소 관리 방법을 터득하게 된다.

그런 의미에서 감당한 만한 수준의 부채를 감수하거나 투자에 도전해 보는 것도 필요하다.

사실 우리는 어릴 적부터 자연스럽게 위험 요소를 감수하는 법에 대해 배운다. 놀이로 하는 부루마블, 우노, 카드 게임 등은 위험 요소 관리 능력을 키워 주는 훌륭한 도구다. 이런 게임을 통해 확실성과 불확실성의 균형을 잡는 방법을 배울 수 있기 때문이다.

내가 수행한 연구에 따르면, **위험 요소의 규모나 범위를 인식하는 능력은 자신이 겪은 경험에 따라 크게 달라진다.** 특히 경영자나 리더 같이 중요한 결정을 자주 내려야 하는 사람에게는 이 능력이 반드시 필요하다.

또 이 부분은 부자와 가난한 사람의 뇌 사용법에서 결정적으로 차이가 나는 특징이기도 하다.

부자는 수많은 위기와 위험 요소를 관리하면서 위기를 기회로 바꿔 온 사람이다. 즉 위험 관리 능력이 뛰어나다.

반면 가난한 사람은 위험 요소 관리에 어려움을 겪기 때문에 위기를 극복하지 못하고 빚을 지거나 투자에 실패하는 경향을 보인다.

인생에서 찾아오는 기회는 모든 사람에게 평등하게 주어진다. 다만 그 기회를 잡는 사람과 잡지 못하는 사람, 다시 말해 부자가 되는 사람과 가난한 사람 사이에는 분명한 차이가 존재한다.

당신이 인생에 찾아온 기회를 잡고 싶다면 매일 꾸준한 노력을 통해 경험과 기술을 쌓아야 한다. 그리고 성공의 99퍼센트까지 다가갔을 때, 남은 1퍼센트의 결정적 순간을 위해 뇌의 감정 시스템을 최대로 활용해야 한다.

이때 성패를 가르는 것은 확실성과 불확실성을 정확히 판단하고, 위험 요소를 적절히 감수할 수 있는 능력이라는 사실을 기억하자.

부자 뇌를 만들자!

성공을 이루기까지 남은 단 1퍼센트의 순간에 뇌의 감정 시스템을 최대로 활용하라!

저축을 많이 하거나
적게 하거나

다시 한번 강조하고 싶은 사실은 인간의 경제 활동은 뇌의 작용으로 통제된다는 점이다.

먼저 저축이라는 경제 행동을 살펴보자.

새에게 '캐시'라는 행동 습관이 있다는 것을 아는가?

여기서 캐시는 현금cash이 아니라 '숨겨 둔 장소에 저장한다cache'라는 뜻으로, 이 행동은 도토리를 묻어 두는 다람쥐 등 먹이를 숨기는 동물에게서 관찰된다.

예를 들어 까치는 자신이 묻은 먹이의 위치를 정확히 기억할 뿐 아니라 주변에 다른 개체들이 있는지 주의 깊게 살펴 가로채이지 않도록 숨긴다. 심지어 그 먹이가 썩기 쉬운지, 아니면 오래 보관할 수 있는지도 구분할 수 있어서 가장 적절한 방식으로 먹이를 숨기고 필요할 때 그것을 꺼내 먹는다.

동물들은 약육강식의 원리에 따라 살면서 생존에 필요한 자원을 '저장하는 것', 즉 소유라는 개념과 행동을 자연스럽게 터득한다. 이 모습은 인간 사회에서도 유사하게 나타난다. 특히 현금은 까치가 숨기는 먹이와 비슷해서 돈을 잘 지키려면 타인의 접근을 차단해야 한다. 법률적으로 말하자면, 현금은 그 돈을 가진 사람이 소유자가 되기 때문에 남에게 빼앗기지 않도록 확실하게 점유하고 있어야 한다.

돈을 물리적으로 점유하면 그 돈의 소유자가 되고, 돈을 가능한 한 많이 소유할수록 생존에 유리한 자원을 확보하게 되는 상황은 이미 인류 진화의 초기 단계에서 형성되었다. 이것이 지금까지 이어지는 '돈을 소유한다'는 개념이고, 이것이 점차 확장되면서 저축이 생겨났다.

그런데 기본적으로 현금은 남에게 주는 순간 그 사람의 것이 된다. 얼핏 당연한 일 같지만 잘 생각해 보면 독특한 면이 있다. 예를 들어 편의점에서 물건을 살 때 돈을 건네면 그 돈은 즉시 판매자의 소유가 된다.

<u>즉 현금에는 동물의 세계에서 뺏고 빼앗기는 먹이와 같은 특성이 있기 때문에 사람은 안전지대(저축)를 만들고자 하는 욕구를 갖는 것이다.</u>

안전지대를 생각할 때 가장 큰 문제는 '환경이 변한다는 사실'이다.

스펜서 존슨의 베스트셀러 『누가 내 치즈를 옮겼을까?』는 어제까지 가지고 있던 치즈가 오늘 갑자기 사라지는 일이 자연계에서 흔하게 발생한다는 사실을 잘 보여 준다.

환경 변화에 따른 이 같은 불확실성에 대비하기 위해 인류는 초기 단계부터 꾸준히 저축을 해 왔다.

저축 수준이 어느 정도인지는 사람마다 다르다.

'하루 벌어 하루 쓰면 된다'라고 생각하는 사람들도 있다. 예를 들어 과거 18세기 일본에서는 '장인은 일거리만 있으면 왕이나 다름없다'라는 말이 있을 정도로 사회가 안정적이었는데 이는 생계를 위한 기본적인 먹을거리와 오락거리가 있었기에 가능했던 사고방식이었다.

현대 사회에도 고소득자이지만 전혀 저축하지 않는 사람

이 꽤 있다. 안전지대(저축)를 구축하지 않는 사람은 주변 환경과 인적 네트워크가 안정적이며, 몸과 마음의 균형이 잘 잡혀 있는 경우가 많다.

반대로 뇌가 자신의 경제 상황이나 몸과 마음의 균형이 불안정하다고 느낄 때는 저축이라는 안전지대를 원하게 된다.

즉 스스로 인간관계와 사회적 네트워크가 탄탄하다고 느끼는 사람은 저축액이 많지 않은 경향이 있다(인간관계나 사회적 네트워크는 개인의 역량을 몇 배로 키울 수 있는 지렛대 역할을 하는 수단이다. 부자의 뇌를 가진 사람일수록 사회적 네트워크가 충실한 편인데, 이는 튼튼하고 강력한 지렛대를 가지고 있으므로 불확실한 미래에도 얼마든지 대응할 수 있다고 느낀다는 것을 의미한다. 그러므로 굳이 저축을 많이 할 필요를 못 느끼는 것일 수 있다. 현실적으로는 저축 대신 부동산이나 주식 등 재테크를 많이 하는 것도 이유일 수 있다—감수자). 반면 저축을 안 하면 불안한 사람은 자신의 인간관계와 사회적 네트워크가 불안정하다고 인식하고 있을 가능성이 크다.

부자 뇌를 만들자!

기억하자. 인간의 경제 활동은 뇌의 작용으로 통제된다.

돈만 많다고
뇌는 안심하지 않는다

인간은 본능적으로 '확실성'이라는 안전지대를 갈망한다. 그런데 한 가지 알아 둬야 할 점이 있다. '저축=돈'이라는 공식이 뇌가 원하는 확실성, 즉 안전지대를 온전히 대변하지는 못한다는 것이다.

애초에 안전지대의 원형은 부모가 자녀를 지켜보는 일에서 비롯된다.

하지만 부모의 보살핌이 과보호로 변질되면 아이는 응석받이가 되어 부모에게서 독립하지 못하고, 그 결과 안전지대가 지닌 본래의 의미를 상실한다.

또 부모에게 돈이 많다고 해서 돈이 자녀의 안전지대가 되어 주진 않는다.

오히려 경제적 여유가 별로 없어도 부모가 충분한 사랑을 주고 키운다면 그 사랑이 자녀의 인생의 토대가 되는 안전지대가 될 수 있다.

현대 사회의 청년층은 대체로 안정 지향적이다. 명문대에 입학해 대기업에 취직하는 것을 인생의 최우선 순위에 놓는다.

안정 지향적 사고방식은 비즈니스 세계에서도 뚜렷하게 나타난다. 위험을 무릅쓰고 경쟁자를 제치려는 강한 의지를 가진 사람이 점점 줄어들고 있다.

이 또한 뇌의 안전지대 메커니즘과 깊은 관련이 있다. 그런데 안전지대의 본래 역할은 '외부 세계에 도전할 수 있도록 심리적 여유를 제공하는 것'이다. 따라서 일반적으로 사람들이 추구하는 안정감은 사실상 가짜 안전지대다.

명문대에 들어가 대기업에 취직하는 것은 자신의 안전과 안정감을 확보하려는 소극적인 선택일 뿐 도전과 아무 상관이 없다.

사회적 직함이나 급여를 포함해 어느 정도의 보장을 원하는 것은 아무 문제가 없지만, 그것만 추구하는 사람은 다양한 인적 네트워크를 구축하지도, 자신에게 찾아오는 기회를 붙잡지도 못한다. ==즉 성공하는 사람이 되는 열쇠를 발견하지 못한다.==

돈은 뇌가 인식하는 안전지대의 일부일 뿐이다.

풍부한 인적 네트워크, 신뢰 그리고 직접 쌓아 올린 기술과 지식, 폭넓은 경험 같은 요소들이 종합적으로 뇌의 안전지대를 형성한다. 이런 총체적 역량은 개인에게 확실성을 부여하고, 동시에 불확실성을 감내할 능력을 키워 준다. 이것이 세상이 인정하는 부자에게서 공통으로 보이는 특징이다.

확실성과 불확실성의 세부적인 요소는 사람마다 다르지만, 큰 틀에서의 본질은 많이 다르지 않다.

여기서 중요한 것은 이 점이다. 부를 이룬 사람은 확실성과 불확실성을 현명하게 활용하면서 인간관계와 자신만의 기술을 구축한 사람이고, 경제적 여유가 부족한 사람은 지식과 경험, 자신만의 노하우와 비전을 아직 충분히 활용하지 못하고 있을 뿐이라는 사실이다.

따라서 누구나 가지고 있는 잠재력을 제대로 활용할 수 있다면 당신에게도 돈이 자연스럽게 따라올 것이다.

부자 뇌를 만들자!

풍부한 인간관계, 축적한 기술과 지식, 폭넓은 경험으로 뇌의 안전지대를 만들어라!

돈을 쓸 때
내가 느끼는 감정

저축과 마찬가지로 또 다른 대표적인 경제 활동인 소비에 대해 살펴보자.

사람들은 흔히 쇼핑을 하거나 돈을 쓸 때 스트레스가 풀린다고들 한다. 뇌과학적 관점에서 돈을 쓰거나 소비하는 행위는 스트레스 해소와 동시에 자신이 가진 '힘'(능력)을 확인한다는 의미가 있다.

과거 수렵 채집 사회로 거슬러 올라가 생각해보자. 당시 무리를 이룬 집단에서 사냥감을 구성원들에게 나누어 주는 일을 맡은 사람이 유일한 지위와 권력을 가진 인물로 인식되었다. 이런 맥락에서 자신을 위해 돈을 쓰는 일은 그 사람의 사회적 지위를 확인하는 행위와 상통한다.

즉 돈을 쓰는 순간 미묘한 우월감과 자신의 존재 의의를 재확인하는 것이다. 물론 돈을 써서 상품이나 서비스를 얻는 기쁨도 존재하지만, 그보다 더 근본적으로 돈을 쓴다는 행위에는 무리(사회)에서 자신의 위상을 확인한다는 의미가 내포되어 있다.

샤넬이나 에르메스 같은 명품 매장에서 충동구매를 하는 사람들에게 명품은 단순한 물건 이상의 의미가 있다. 그들에게 명품은 값비싼 물건을 소유하는 만족감을 넘어 '돈을 쓰는 나'라는 존재의 우월감과 자존감을 과시할 수 있는 중요한 수단이다. 특히 강박적으로 물건을 사들이는 쇼핑 중독은 원래 자존감이 별로 높지 않은 사람이 빠지기 쉽다. 어디를 가도 돈만 지불하면 고객을 신처럼 받들어 모시는 풍조는 이런 잘못된 소비 심리를 더욱 부추긴다.

비단 명품 매장뿐이 아니다. 편의점에서 캔 음료 한 개만 사도 직원의 친절한 응대를 받을 수 있다. ==반면 소비 경험으로 자신의 가치를 확인할 필요가 없는 사람, 즉 부자 뇌를 가진 사람은 쇼핑으로 스트레스를 해소하거나 우월감을 느끼기 위해==

돈을 쓰는 일에 별로 관심이 없다.

　이런 모습들을 살펴보면, 자신감이 부족한 부자일수록 돈을 잘 쓰는 경향이 있음을 알 수 있다(사람은 지위감을 의식주와 같은 기본 욕구로 여긴다. 지위감은 내·외부적인 요인에 따라 심리적으로 만족스럽고 충만한 상태를 뜻한다. 이는 스스로 가치 있는 존재라고 느끼는 자존감과는 다르다. 즉 다른 사람이 자신을 소중하고 귀한 존재로 대우할 때 지위감은 높아진다.

　긍정심리학의 관점에서 지위감은 인간을 지속적으로 행복하게 만들어 주는 유일한 요소이며 사회적 관계의 질과 범위를 결정짓는 핵심 요소다. 따라서 지위감 상승이 돈보다 훨씬 강한 보상 효과를 제공한다고 말한다. 유니버시티칼리지런던UCL의 마이클 마멋Michael Marmot 교수는 인간의 수명을 결정짓는 가장 중요한 요소가 지위감이라고 말한다. 실제로 지위감이 올라가면 도파민dopamine과 세로토닌serotonin, 옥시토신과 테스토스테론testosterone 등의 신경전달물질 분비가 늘어나 자신감 있고 활력이 넘치며 긍정적인 모습을 보이게 된다.

　사람들이 지위감을 느끼는 방법은 두 가지인데 하나는 다른 사람의 인정을 받는 것이고, 다른 하나는 스스로 지위감을 만들어 내는 것이다. 명품을 사는 행위에는 자신의 만족감을 높이기 위한 심리도 있지만 주위 사람이 부러워하는 모습을 보면서 스스로 지위감의 상승을 느끼고 싶은 목적도 있다. 아울러 스스로 명품을 소유할 수 있는 능력 있는 집단에 속해 있다는 심리적 만족감을 느끼고 싶기 때문일 수도 있다—감수자).

부자 뇌를 만들자!

돈을 쓰는 방식으로 자신의 가치를 확인할 필요가 없으면 쇼핑으로 스트레스를 해소하지 않는다.

뇌를 불행하게
만들지 않으려면

경영자가 은행에서 큰돈을 빌릴 때는 당연히 뇌에 엄청난 스트레스가 가해진다. 돈을 빌리면 자신의 거취를 비롯해 미래의 삶이 좌우될 수 있다는 사실을 뇌가 본능적으로 감지하기 때문이다.

더욱이 대출이라는 행위는 개인의 자유가 제약된다는 의미를 내포한다. 이런 속박은 공포와 불안을 유발하고, 이에 뇌는 예민하게 반응한다.

저명 심리학자 가와이 하야오河合隼雄는 다음과 같은 재미있는 말을 했다.

"인간은 살아가면서 여러 가지 모순을 안고 살아간다. 누군가에게 돈을 빌릴 때 우리는 부탁하는 상대방을 내심 싫어하면서도 동시에 빚을 진다는 열등감 때문에 그 사람을 좋은 사람이라고 미화하는 방어기제를 작동시킨다. 이런 모순이 무의식중에 축적되어 결국 스트레스로 나타난다."

빚을 진다는 것은 스트레스 그 자체다.

사람은 남에게 돈을 주거나 빌려줄 때 자신의 존재 가치를 재확인한다. 반면 남에게 빚을 지면 그 돈을 빌려준 사람에게 지배당하는 상황에 놓인다.

대표적인 예가 주택 담보 대출을 받는 경우다. 대출을 받아 집을 사거나 지으면 짧게는 10~30년에 걸쳐 대출을 갚아야 한다. 즉 수십 년 동안 상환할 돈을 마련하기 위해 계속 일해야 하므로 대출받는 순간부터 미래의 자유가 사라진다.

돈과 자유는 긴밀하게 연결되어 있다. 이것은 심리적으로도 큰 차이를 만든다. 내 주머니에 1만 원밖에 없을 때와 100만 원이 있을 때 느끼는 심리적 자유는 천지 차이다. 따라서 돈이 있다는 것은 뇌가 자유를 느끼는 데 매우 중요한 요소가 된다.

물론 이것은 사회적 맥락에서의 자유를 말한다. 자신의 생각과 감정을 표현하는 내면의 자유는 돈이 없어도 문제가 없다. 예를 들어 종이에 자유롭게 그림을 그릴 때는 돈이 있고 없고에 따라 그림의 요소가 바뀌진 않을 것이다. 하지만 여행을 가거나 외식할 때는 돈의 유무에 따라 느껴지는 자유가 전혀 다르다.

이런 의미에서 돈을 획득하는 것의 장점은 '자유의 범위를 확장할 수 있다'라는 데 있다.

즉 저축이 많다면 '일하지 않아도 된다'라는 선택지가 생긴다. 일을 쉬고 다음 한 해 동안 공부를 하거나 해외 유학을 갈 수도 있다.

부를 축적하는 이점은 그 돈으로 자유를 확보해 인생의 다음 단계로 나아가기 위한 선택지를 얻을 수 있다는 것이다.

한편 10만 원밖에 없는데 100만 원을 바라볼 때는 문제가 생긴다. 자신이 가진 돈과 원하는 금액 사이의 격차는 사람을 불행하게 만들 수 있기 때문이다.

이런 불균형을 해소하기 위해 나는 한 가지 원칙을 세웠다. 무언가를 하기 위해 돈이 필요하다면 '내가 가진 돈의 범위 내에서만 행동한다'라는 것이다. 예를 들어 10만 원이라는 제한된 예산 내에서도 여러 가지 즐거운 경험을 할 수 있다. 책을 여러 권 사서 읽거나 꽤 질 좋은 식사를 할 수도 있다.

대부분 사람은 자기 수입에 맞는 생활을 할 것이다. 하지만 때로는 지금 사는 환경에 불만이 들어 '왜 나는 펜트하우스나 대형 아파트에 살 수 없지?' 혹은 '사실은 스포츠카를 타고 싶은데 경차밖에 못 타네' 같은 생각을 할 수 있다. 그럴 때 우리의 뇌는 불행을 느낀다.

그러나 이런 생각에서 벗어나 스스로 감당할 수 있는 범위 내에서 행동한다면 재정적 문제로 고민하거나 스트레스를 받을 일을 크게 줄일 수 있다.

이것은 뇌에 매우 중요한 지점이다.

부자 뇌를 만들자!

돈을 축적하면 심리적 자유가 생기고 인생의 다음 단계로 나아가기 위한 선택지를 얻을 수 있다.

돈과 불안 사이
균형 잡는 뇌

나는 때때로 도박과 수학적 지식의 관계에 관한 질문을 받는다. 예를 들면 이런 식이다.

"모기 씨는 이과 출신이니까 수학적 능력을 활용해서 복권이나 카드 게임에서 승률을 높일 수 있지 않을까요?"

사실 답은 간단하다. 도박은 확률적으로 볼 때 반드시 손해를 보도록 설계되어 있다.

이것은 이른바 금융 공학이라는 분야에서도 잘 알려진 사실이며 역사적으로 봐도 도박으로 지속적인 수익을 올린 사람은 찾아보기 힘들다.

물론 가끔 큰돈을 따는 사람도 있다. 하지만 도박으로 확실하게 돈을 벌 수 있는 유일한 방법은 도박장을 운영하는 주체, 즉 '하우스'가 되는 것이다.

'복권은 무지에 대한 과세다Lottery is a taxation on ignorance.'
소설 『오스카와 루신다』에 나오는 구절이다.
나는 이 구절에 동의한다. 한편 도박에 빠지는 모습에서 인간의 본질을 볼 수도 있겠다고 생각한다.
일반적으로 사람들이 카지노나 경마장에 가는 건 단순 여흥이 목적으로, 크게 돈을 따서 그걸로 먹고살겠다고 가는 게 아니다.
반면 이런 생각을 하는 상습 도박자는 대체로 고위험, 고수익을 추구하는 경향이 있다.

일본 유명 가수이자 영화배우인 기타지마 사부로北島三郎는 지금까지 경마에 쓴 돈을 모았다면 재산이 상당했을 것이라고 말한 적이 있다. 실제로 경마에 열성적인 사람들은 1,000만 원 다발로 마권을 구매한다고 한다. 이런 행위에 스릴을 느끼는 것도 뇌의 특성 중 하나다.
뇌과학적 관점에서 볼 때 도박은 중독성이 매우 강하므로, 인생에서 큰 손실을 피하고 싶다면 도박을 아예 하지 않거나

멀리하는 것이 현명하다.

물론 경마를 귀족의 여가 활동으로 인식하는 유럽의 사례나 복권 수익금이 사회에 기여하는 측면을 고려할 때, 도박의 모든 형태를 부정적으로 볼 필요는 없다.

세상에는 다양한 금융상품이 있지만, 이율이 마이너스 25퍼센트인 금융상품이 있다면 아무도 손을 대지 않을 것이다. 그런데 국가마다 다르긴 해도 사람들은 공제율(운영 주체 몫이나 세금)이 20~35퍼센트 가까이 되는 복권과 마권을 기꺼이 구매한다. 이성적으로 생각하면 손해 볼 것이 뻔한데도, 많은 사람이 도박에 참여하는 현상을 보면 인간 심리의 독특한 측면이 보인다.

원래 뇌는 위험을 즐기는 측면이 있지만, 지금까지 언급했듯 뇌의 가장 중요한 임무는 확실성과 불확실성 사이에서 균형을 잡는 것이다.
확실한 것이 있는 만큼 불확실한 것을 쌓으면 될 텐데, 이 균형이 무너진 사람은 확실성을 잃고 빚을 지고 있음에도 도박을 하는 상황에 빠진다. 이것은 명백히 병적인 영역이다.

일부에는 '인간의 미학은 어리석은 일을 하는 데 있다'라고 보는 시각도 있다. 사실 단기적 이익만 좇거나 위험이 두려워 도전을 외면하는 삶은 평범하고 단조로워 보이기도 하니 말이다. 그러니 어쩌면 겉으로는 어리석어 보이는 행동일지라도 인생이라는 큰 관점에서 바라보면 예상치 못한 의미가 숨겨져 있을지도 모른다.

물론 깊은 고민 없이 나섰다가 손해를 보거나 위험을 자초하는 것은 어리석은 행동일 뿐이다. 그러나 인생에는 때로 도박처럼, 손실을 감내하면서도 위험을 무릅쓰고 무언가를 이루어야 하는 순간이 있다.

이러한 순간이야말로 자신의 인간성과 지혜의 깊이를 시험하는 계기다.

부자 뇌를 만들자!

기억하자. 뇌의 가장 중요한 임무는 확실성과 불확실성 사이에서 균형을 잡는 것이다.

뇌에 오래도록 남는
경험에 돈을 써라

일본 인터넷 미디어 기업 라이브도어livedoor 창립자 호리에 다카후미堀江貴文는 그의 저서에서 '돈을 버는 것보다 그 돈으로 무엇을 하고 싶은지가 더 중요하다'라고 강조했다. 돈에 대한 인간의 미의식을 잘 드러내는 관점이다.

내게도 이런 관점을 적용한 원칙이 있다. 바로 '무조건 경험하는 데 돈을 쓴다'라는 것이다. 저축 같은 전통적 '소유'에는 적당한 기준을 취하는 편이지만 그림 구매 같은 활동에는 적극적인 편이다. 이것도 훌륭한 경험이 될 수 있다고 생각하기 때문이다.

그림을 감상하는 순간은 그 자체로 문화적 소양을 키울 수 있는 귀중한 경험이다. 또 학생들에게 밥을 사 주는 것도 경험이고, 매년 부모님께 효도 여행을 보내드리는 것도 경험이다. 반면 백화점에서 고가의 명품 시계나 옷을 구매하는 행위는 내게 가치 있는 경험이 아니다.

여기서 말하는 경험이란, 극단적으로 표현하자면, '무덤까지 가져갈 수 있는 행복'이 될 만한 일이 아닐까? 학생들에게 쓴 돈이 만들어 내는 '술자리의 분위기'와 그때 그들과 나눈 대화는 지금도 내 마음속에 생생하게 남아 있다. 즉 뇌에 오래도록 남는 일에 돈을 쓴다는 것이 내 원칙이다.

물론 돈을 많이 번 사람에게는 많이 쓸 자유가 생긴다. 벌어들인 범위 내에서라면 그 돈을 어디에 쓰느냐는 전적으로 자신의 선택이다.

대개 부자들은 미래를 제대로 예측하고 낭비하지 않으면서도 쓸 때는 과감하게 쓸 줄 안다. 다시 말해 때로는 수도꼭지를 콸콸 틀어 놓기도 하지만 필요하다면 한 방울도 새지 않게 꽉 잠근다. 이처럼 돈에 대해 극도로 절제할 수 있는 능력은 부자들에게서 공통으로 나타나는 특징이다.

반면 매달 들어오는 수입에서 쓰고 남은 돈을 저축하는 것은 어린아이가 저금하는 방식과 다를 바 없다.

현재 돈이 부족하지 않아도, 앞으로 나는 이런 인생을 살고 싶기 때문에 지금은 이 정도로 생활 수준을 정하겠다고 설정해야 하는 것이다.

돈이 많은 사람, 즉 부자의 가장 큰 특권은 '다양한 선택의 자유'에 있다. 하지만 재력이 다는 아니다. 아무리 돈을 많이 벌어도, 그 과정에서 다른 중요한 것들을 희생하거나 다양한 경험과 인맥을 쌓지 못한다면 그 또한 쓸쓸한 인생이다.

이런 통찰은 경제학 교과서나 강의실에서는 배울 수 없는 것들이다.

뇌과학자의 관점에서 보면, 경험은 인간이 가질 수 있는 유일한 자산이다. 그렇기 때문에 젊은 시절에 번 돈은 경험이라는 경제 활동에 사용해야 한다는 것이 나의 지론이다.

그리고 젊을 때는 어느 정도 '무리'를 해 볼 필요도 있다. 학생이니까 불가능하다고만 생각하지 말고, 가장 먼저 저축이라는 안전지대를 확보하는 데만 신경 쓰기보다는 다소 과하다는 생각이 들어도 자신을 위해 투자하는 것이 좋다.

대학 시절, 나는 종종 여자 친구와 오페라를 관람하고 고급 레스토랑에 다녔다. 지금 생각해 보면 금전적으로 다소 무리하며 데이트를 했는데, 이때 겪은 사소한 경험들은 여전히 인상에 깊게 남아 있다.

한번은 여자 친구와 고급 프렌치 레스토랑에 갔는데 테이블 위에 큰 접시가 놓여 있었다. 단순히 '큰 접시가 놓여 있구나'라고 생각했던 나는 음식을 주문하자 그 접시가 치워지는 것을 보고 깜짝 놀랐다. 그제야 그것이 장식용 접시라는 것을 처음 알게 되었다.

더욱 놀라운 것은 디저트가 나오기 전이었다. 종업원이 나이프 같은 도구로 테이블의 빵 부스러기를 치우는 모습을 보니 '우와! 대단해!' 하고 감탄이 절로 나왔다. 경험하지 않으면 모르는 일들이 많다는 것을 깨닫게 한 의미 있는 순간이었다.

부자 뇌를 만들자!

경험은 인간만이 가질 수 있는 유일한 자산이다.

낯선 환경을
적극적으로 찾아가라

일류 셰프들은 자신의 역량을 키우기 위해 한군데에 머무르지 않고 여러 호텔과 레스토랑에서 조리법과 서비스를 배운다고 한다. 그렇게 하는 이유는 그 과정에서 배운 모든 기술과 노하우, 교훈이 돌고 돌아 결국 새로운 부를 낳는 것으로 이어지기 때문이다.

자신에게 투자할 때는 경험의 범위를 폭넓게 정의해야 한다.

단순히 영어 회화나 자격증 취득 같은 기술만으로는 오히려 경험치가 되지 않는 경우가 많기 때문이다.

자신에 대한 투자란 훨씬 복합적이며, 그가 스스로를 어떻게 갈고닦느냐에 따라 경험치가 크게 달라진다.

경험치를 높이려면 내게 불편하고 익숙하지 않은 환경, 즉 원정 경기장을 찾는 것이 좋다. 야구선수가 홈구장을 벗어나 원정 경기에 나가듯 의식적으로 낯선 환경에 찾아가고 그 과정에 돈이 필요하다면 아낌없이 쓰자.

내 인생의 '원정 경기'는 케임브리지대학교로 유학을 간 일이었다.

당시 케임브리지대학교에는 브라이언 조지프슨Brian Josephson이라는 저명 물리학 교수가 있었다. 그는 22세의 나이에 쓴 졸업 논문으로 노벨 물리학상을 받은 뛰어난 물리학자다. 학생 시절부터 탁월한 재능과 자신감으로 유명했다고 한다.

권위 있는 교수조차 그가 수업을 들으러 강의실에 나타나면 긴장했다는 이야기는 유명하다. 강의가 끝나면 조지프슨이 정중하게 교수의 실수를 지적하곤 했기 때문이다. 이 세상에 노벨상 수상자는 많지만, 그의 뛰어남은 차원이 달랐다.

이런 탁월한 인재와 함께하는 경험은 그러한 환경에 뛰어들지 않는 한 절대 얻을 수 없다.

그러니 우리 뇌를 평소 익숙한 홈구장에 가두지 말고 미지의 세계인 '원정 경기장'에 던져 보는 게 어떨까?

비즈니스를 할 때도 항상 익숙한 곳에서, 같은 사람과만 일하면 실력이 늘지 않는다.

물론 새로운 경험을 하는 것은 몸과 마음에 큰 부담을 주지만, 그 경험들이 뇌를 자극해 새로운 신경세포 네트워크를 형성한다. 이런 과정을 통해 사람은 변화와 위기에 강해지고 한층 굳건하게 성장한다. 결과적으로 이 능력은 앞으로의 경제 활동을 단단하게 뒷받침해 준다.

부자 뇌를 만들자!

의식적으로 낯선 환경에 찾아가고 그 과정에서 돈이 필요하다면 아낌없이 쓰자.

주변에 늘 안테나를 켜고
유연한 자세로

==다방면으로 좋은 성과를 내는 사람은 예외 없이 현명하게 돈을 쓸 줄 알고, 그것을 일에 잘 활용한다.==

그런 사람은 대부분 진정 좋아하고 잘하는 분야를 끝까지 추구한다. 비록 당장은 돈이 되지 않더라도 인간으로서 폭을 확장한다는 측면에서 보면 정말 행복한 일이다.

사람은 본능적으로 자신에게 없는 것을 가진 타인을 동경한다. 그러니 남과 비교하거나 경쟁하기보다 나에게 어떤 재능이 있는지, 내가 무엇을 좋아하고 잘하는지 찾는 것이 훨씬 중요하다.

사실 다방면으로 좋은 성과를 내는 사람은 그 일을 진정으로 좋아하고 즐긴다.

일본 전통 요리점으로 유명한 교토 깃초 아라시야마의 삼대째 총요리장인 도쿠오카 구니오徳岡邦夫를 만났을 때 그 사실을 실감했다. 그는 요리계에서 모르는 사람이 없을 정도로 독보적인 존재이며, 그 폭넓은 요리 실력과 예술적 감각은 정평이 나 있다.

예를 들어, 달맞이 시즌에 그곳을 방문하면 달을 연상케 하는 은색 접시가 좌석 한쪽에 놓인 것을 볼 수 있다. 유행을 타는 고급 레스토랑과는 차원이 다른 섬세함이 돋보이는 지점이다. 이런 '예술적인 연출'만 보더라도 역시 경험의 폭이 넓은 사람이 돈도 가치 있게 쓴다는 것을 알 수 있다.

또 도쿠오카 씨와의 대화에서는 물질적 욕망이 좀처럼 느껴지지 않는다.

오히려 식도락을 즐기고 매사를 흥미로운 놀이 감각으로 보는 관점이 그의 일에 자연스럽게 녹아들어 있는 것 같다.

비즈니스의 성공은 '점과 점'을 어떻게 연결할 수 있는지에 달려 있다.

이것은 개인적으로 얻은 지식과 경험을 일에 적용하는 능력을 의미한다. 그러려면 평소 다양한 일에 안테나를 세우고 유연한 사고로 사물을 바라봐야 한다.

또한, 점과 점을 연결하려면 스스로 보조선이 되어야 한다. 애플사의 창업자인 스티브 잡스는 대학에서 캘리그래피를 열심히 공부했는데, 학교를 그만두고서도 캘리그래피 수업만은 계속 들었다고 한다. 이 경험은 매킨토시를 만들 때 크게 도움이 되었다(창의력은 언뜻 보기에 전혀 연관성 없는 요소들을 연결해 미처 발견하지 못한 가치를 만들어 내는 일이라고 할 수 있다. 하늘에서 무언가 쿵 하고 떨어지듯 무에서 유가 만들어지는 것이 아니라, 기존에 존재하던 사물들을 새로운 관점에서 바라보고 연관성을 발견하는 것이 창의력이다. 저자가 말한 '점과 점의 연결'은 개별적으로 흩어져 있는 여러 요소를 구슬을 꿰듯 엮어 창의적인 결과물로 만들어 내는 것을 의미한다.

창의력이 높아지기 위해서는 무엇보다 서로 연결될 수 있는 점이 많아야 하므로 지식과 경험의 폭넓은 습득이 필요하다. 창의력의 대가로 알려진 테리사 아마빌레Teresa Amabile는 자신이 속한 분야의 전문 지식을 키울수록 창의력이 높아질 수 있다고 강조하고, 심리학자 허버트 사이먼Herbert Simon도 전문 지식이 '있음직한 탈선의 네트워크network of possible wanderings'라 불리는 지적 공간을 형성하므로 그 공간은 넓을수록 좋다고 주장한다. 지식과 경험의 폭이 넓고 깊을수록 기존의 궤도에서 벗어난 새로운 아이디어가 나타날 가능성이 커진다는 것이다.

앞서 '원정 경기에 돈을 아끼지 말라'라는 저자의 조언처럼 낯선 경험은 점의 숫자를 늘릴 뿐 아니라 점과 점을 연결해 주는 자극이 되기도 한다. 작가 알랭 드 보통은 '독창적인 생각은 수줍음 타는 동물을 닮았다. 밖으로 잘 안 나오려고 하지만 낯선 곳에 가면 녀석도 그곳 세상이 궁금해 동굴이나 집 밖으로 나오고 싶어 한다'라고 했다. 낯선 환경에 대한 경험이 점과 점을 연결해서 창의적인 생각을 북돋아 준다는 뜻이다. 실제로 우리가 무언가를 깊이 있게 고민해도 답을 찾을 수 없을 때 바람을 쐬고 나면 좋은 생각이 떠오르는 경우도 있다―감수자).

무엇과 무엇이 연결될지 누가 처음부터 알 수 있을까? 하지만 언젠가는 자신이 쌓아 온 교양과 경험들이 연결되어 꽃을 피울 때가 올지도 모른다.

이것이 바로 '점과 점'이 연결되는 순간이다.

부자 뇌를 만들자!

평소 다양한 일에 안테나를 기울이고 유연한 사고로 사물을 바라보자!

감수자 칼럼
돈을 미워하지 말고 사랑하라

부자와 가난한 사람은 돈에 대한 생각, 돈을 바라보는 시선이 사뭇 다르다.

가난한 사람은 돈에 발목이 묶여 있는 경우가 많아서 자기 삶을 옥죄고 괴롭게 만드는 원인을 쉽게 돈이라고 여긴다. 돈에 치여 사느라 인생이 우울하다고 느끼기에 '이놈의 돈' 하며 한탄하거나 심한 경우 '돈이 원수'라며 돈을 부정적으로 인식하기도 한다. '돈이 있으면 좋지만 없어도 크게 불편하지 않다'라거나 '돈으로 행복을 살 수는 없다'라며 르상티망ressentiment(약한 입장에 있는 사람이 강자에게 품는 질투나 원한, 열등감, 증오 등이 뒤섞인 감정)을 드러내기도 한다. 가난한 뇌가 바라보는 돈에 대한 시선은 대체로 그렇다. 뇌 안에 '돈=부정적 요인'이라는 인식이 박혀 있어 돈을 스트레스를 주는 존재로 느끼는 동시에 열심히 돈의 꽁무니를 쫓는 이율배반적인 모습도 보인다.

반면 부자는 돈을 이 세상에서 무엇보다 귀하고 소중한 것으로 여긴다. 돈을 자식처럼 대하고 귀인처럼 존중하며, 목숨처럼 소중하게 다룬다. 돈이 없으면 인간의 존엄조차 제약될 수 있다는 사실을 알기에 돈을 인격체처럼 생각한다. 돈이 많을수록 인생의 자유도가 높아지고 행복해질 수 있다는 것을 믿는다. 늘 돈에 대해 고마움을 느끼고 돈을 사랑하는 사람처럼 소중히 다룬다. 가난한 사람들이 돈을 대하는 것과는 완전히 다른 사고를 가지고 있는데 이러한 사고의 차이가 결과의 차이를 가져온다.

샌프란시스코의 한 초등학교에서 전교생을 상대로 지능 검사를 한 후 반에서 상위 20퍼센트의 학생들을 선발했다. 그 명단을 교사에게 건네며 학업 성취 가능성이 가장 큰 학생들이라고 말했다. 8개월 후 다시 지능 검사를 실시하자 이들의 지능이 다른 학생들에 비해 훨씬 높게 나타났다. 하지만 그 학생들이 상위 20퍼센트에 속했다는 것은 완전히 거짓이었다. 그들은 무작위로 선정된 학생들이었지만 그 믿음만으로도 좋은 결과를 가져온 것이다. 이런 효과에 대해 실험을 주도한 교수의 이름을 따서 '로젠탈 효과Rosenthal effect'라고 부른다.

흔히들 돈이나 물질을 밝히는 사람들을 속물이라며 얕잡아 보지만 부자가 되기 위해서는 돈에 대한 생각부터 바꿔야 한다. 어떠한 일에 대해 자신이 믿는 대로 이루어지는 것을 '자기실현적 예언self-fulfillment prophecy'이라고 하는데, 돈에 대한 생각을 바꿔야만 부자가 된 자신의 모습도 긍정적으로 받아들일 수 있다.

돈이 주는 혜택이나 삶의 자유, 각종의 긍정적 효과를 이해하고 돈을 존중하며 사랑할 줄 알아야 한다. 좋아하는 사람의 마음을 얻기 위해서는 그 사람을 진심으로 사랑하고 아껴야 하듯, 돈을 벌기 위해서는 돈을 아끼고 사랑해야 한다. 그래야 뇌도 돈을 소중하고 가치 있는 대상으로 여기고 긍정적인 노력을 집중할 수 있게 된다.

사람들은 돈을 좇으면서도 쉽게 손에 잡히지 않는 돈에 대해 부정적인 인식을 갖는 경향이 있다. 하지만 미워하는 사람과 가까워질 수 없듯이 돈도 미워하거나 무시하면 가까워질 수 없다. 돈에 대한 잘못된 생각, 부정적인 인식을 벗어던지고 돈을 사랑하며 아껴야 한다. 그것이 부자 뇌의 사고방식이다.

2장

★ ★ ★ ★ ★

나에게 돈이란 무엇일까

뇌가 본능적으로 돈을 좇는 이유
'살아 있는 돈 사용법'을 아세요?
인생을 돈으로 바라보는 사람
연봉 1억 원이면 만족할 수 있을까
부자들은 돈으로 행복을 사지 않는다
성공의 본질은 돈이 아니다?
마음을 가난하게 만드는 먹고사니즘
부자들의 자본은 돈만이 아니다
성공한 CEO 중 유대인이 많은 이유
억만장자가 대저택, 고급차보다 좋아하는 것
감수자 칼럼 | 돈, 행복의 필수가 아닌 필요조건

뇌가 본능적으로
돈을 좇는 이유

인간의 뇌는 기본적으로 자신에게 기쁨을 주는 경험을 보상으로 인식하고, 그 보상을 더 많이 얻기 위한 행동을 학습하는 특성이 있다.

인류가 사냥과 채집을 하던 선사 시대에는 '여기 가면 맛있는 과일이 많다'라거나 '함께 힘을 모아 사냥하면 먹음직스러운 고기를 얻을 수 있다'라는 경험을 통해 협력하는 법을 배웠다. 이는 점차 사회적 습관으로 자리 잡았다. 인간의 공동 작업은 이러한 사냥 활동에서 비롯되었을 것이다. 그 결과물인 과일, 고기 같은 음식을 일종의 보상으로 받아들였고 공동체 구성원 모두가 나누어 먹으며 기쁨을 공유했다.

이런 경험을 통해 우리의 뇌는 서로에게 무언가를 주는 행위를 생존에 필수적인 것으로 인식하게 되었다. 인간은 그렇게 진화해 왔다.

자손을 남기는 일도 마찬가지다. 현대인의 관점에서 보면, 이성에게 호감을 받고 싶어 하는 것을 같은 맥락으로 이해할 수 있다. 우리 뇌는 이성에게 매력적으로 보이기 위해 어떻게 행동해야 할지 판단하고, 이 과정을 통해 자손이나 파트너라는 보상을 얻으려 한다.

여기서 언급한 '음식'과 '이성'은 생물에게 매우 구체적인 보상이라고 할 수 있다. 어떤 생명체든 간에 생존하려면 절대적으로 필요한 요소이기 때문이다.

뇌과학 분야에서는 이런 요소를 '구체적 보상 Concrete Reward'이라고 한다. 이러한 보상은 뇌의 보상 체계와 관련된 도파민이라는 중추 신경계의 신경전달물질이 작용해 이루어진다. 도파민은 중뇌에서 전두엽으로 이동하면서 보상 회로의 신경 활동을 촉진한다. **보상 체계는 학습과 습관 형성에 매우 중요한 역할을 한다.** 예를 들어 '오늘은 연인과 맛집에 가야지'

같은 보상을 예측하면 보상 체계의 신경이 활성화되면서 현재 하는 일을 더 열심히 할 수 있게 된다.

반면 '추상적 보상Abstract Reward'이라는 개념도 존재하는데, 그 대표적인 예가 돈이다. 돈은 뇌과학에서 추상적 보상으로 분류된다. 음식을 직접 섭취하거나 이성과 직접 접촉하는 행위(구체적 보상)와 달라서 돈 그 자체는 우리에게 추상적 보상으로 인식된다.

돈 외에도 사회적 평판이나 타인에게서 받는 인정 등의 평가도 마찬가지로 추상적 보상이다.

현대 뇌과학 연구에서 알려진 바로, 인간의 뇌는 이러한 추상적 보상에도 도파민 같은 보상계의 신경전달물질을 생성해서 기쁨과 쾌감을 전달한다. 즉 인간은 돈이라는 추상적 가치를 추구하고 학습하며 진화해 왔다고 할 수 있는 것이다.

부자 뇌를 만들자!

돈, 사회적 평판, 타인의 인정 등 추상적 보상을 통해 뇌는 기쁨과 쾌감을 느낀다.

'살아 있는 돈 사용법'을 아세요?

돈에 대한 가치관은 일반적으로 성장 환경에 큰 영향을 받는다.

어린 시절부터 부모님에게 돈을 소중히 다루고 돈을 아껴 쓰라는 말을 듣고 자란 사람은 돈에 대한 인식과 가치관의 근간에 이런 가르침이 있는 경우가 많다.

나 또한 돈의 존재를 의식하기 시작한 게 초등학생 때부터였다. 아버지가 평범한 회사원이었던 우리 집은 특별히 부유하진 않았지만 생활은 안정적인 편이었다.

당시 내 용돈은 500원이었는데, 그 돈으로 슈퍼에서 꽤 많은 과자를 살 수 있었던 게 기억난다. '원하는 걸 살 수 있다니 돈이란 정말 대단한 거구나' 하고 생각한 것도 이 무렵이었다.

내가 초등학교 저학년이었을 당시 사회는 고도성장기를 지나고 있었지만 그럼에도 모두가 풍족하게 살지는 못했다. 급식비를 내지 못하는 친구도 있었던 것으로 기억한다. 하지만 대체로 우리는 이상하리만치 돈에 대해 크게 걱정하지 않았다.

지금도 기억나는데, 내가 처음 '일'을 한 것은 초등학교 1학년 때였다. 꼭 갖고 싶은 장난감이 생겨서, 충동적으로 '근처 채소 가게에서 아르바이트를 하게 해 달라'라고 어머니를 졸랐다. 물론 초등학교 1학년이 하는 일이니, 엄밀히 말하자면 일을 '한다'라기보다는 일을 '돕는다'라는 표현이 더 어울렸을 것이다.

그때 하루에 1,000원을 받고 콩나물을 상자에 담는 일을 일주일 정도 도왔다. 그러자 추운 날씨에 반바지 차림으로 열심히 일하는 내 모습을 본 동네 아주머니들이 "어머, 추운데도 열심이네!" 하고 기특해하며 콩나물을 사 줬다. 그것이 내 인생 첫 아르바이트였다.

고등학생 때는 동네 초등학생을 대상으로 과외를 했고, 대학에 들어가서는 학원 강사나 모의고사 채점 일을 했다. 그렇게 해서 번 돈은 대부분 친구들과 노는 데 썼지만, 마음은 무척 행복했다.

대학 시절에는 논문 공모전에 참가해 받은 상금으로 캐나다, 하와이, 발리, 사이판 등 다양한 나라를 여행했다.

지금 생각해 보면 뇌과학 연구를 시작하기 전부터 이미 '살아 있는 돈 사용법'을 실천하고 있었던 것 같다.

<u>돈이 있으면 사람은 기분이 좋아진다. 긍정적인 감정은 다시 돈을 끌어들이는 선순환을 만들어 낸다. 그러면서 '살아 있는 돈 사용법'을 배우고 실천할 수 있게 된다.</u>

반면 '나는 가난뱅이야'라고 생각하는 사람은 마음속에 부정적인 감정을 품고 있다. 그런 사람에게는 돈이나 사람이 모이지 않는 악순환이 발생한다(감정은 체내 화학 반응이 달라지게 만들고, 뇌나 몸에서 분비되는 호르몬을 바꿔 놓음으로써 사고와 행동에 영향을 미친다. 긍정적인 감정은 뇌에서 도파민이나 세로토닌, 옥시토신 등이 분비되게 하고 신체를 쾌활하고 건강하게 만든다. 그리고 뇌는 다시 몸이 느끼는 것을 주의 깊게 관찰해 그에 맞는 화학 반응을 일으킨다. 긍정적인 감정이 건강한 신체를 만들고, 건강한 신체가 다시 긍정적인 감정을 생성하는 순환 고리가 만들어지는 것이다. 건강한 사고와

몸을 갖고 있으니 활발하고 성취 지향적인 활동들을 하게 되고, 돈을 벌 수 있는 기회도 많이 접하게 된다. 반면 부정적인 감정을 품게 되면 체내에 펩티드peptide가 분비되며 몸이 찌뿌둥하고 무거워진다. 몸이 둔해지니 뇌도 긍정적인 감정을 만들어 내지 못한다. 매사 부정적인 사고와 몸을 가지고 있으니 만사가 귀찮고 무언가 적극적으로 추진하기보다는 소극적으로 대하며 주어진 상황을 자신에게 유리하게 합리화하게 된다—감수자).

부자 뇌를 만들자!

긍정적인 감정은 다시 돈을 부르는 선순환을 만들어 낸다.

인생을 돈으로
바라보는 사람

앞서 언급한 라이브도어의 전 CEO 호리에 다카후미는 '돈으로 살 수 없는 것은 없다'라고 말한 적이 있다. 그럼 과연 돈이 있으면 행복해질 수 있을까? 돈만 있으면 뭐든지 해결될까? 여기서는 이 문제에 대해 생각해 보자.

결론부터 말하자면, 돈과 행복은 상호 필수 조건이 아니다. 인간의 행복과 인생관은 본질적으로 복합적인 요인으로 형성되기에 오직 돈을 기준으로 측정할 수 없다. 이는 한 사람의 지능을 그의 성격이나 표준화된 시험 점수로 측정할 수 없는 것과 같다.

돈은 사물을 측정하는 유일한 척도로 사용하기보다는 다양성을 키우기 위한 보조 도구로 생각하는 것이 가장 좋다.

예를 들어 남자 친구에게 경제적 능력이 있는 게 한 가지 장점은 될 수 있겠지만, 어떤 여자가 단순히 '그 남자가 돈이 많아서' 사귀는 경우는 별로 없을 것이다.

물론 결혼 조건으로 '연봉 얼마 이상'이라는 기준을 내세우는 사람도 있다. 하지만 이런 사고방식은 돈을 추상적으로 생각하기에 나타나는 것이다.

돈은 뇌과학적 관점에서 분석할 때 추상적 보상(추상적 사고)이기 때문이다.

예전에 강연 뒤에 가벼운 대화를 나누는 자리에서 한 여고생이 이렇게 말하는 걸 들었다.

"저는 연봉 3억 원 이상인 사람이라면 결혼을 생각해 볼 것 같아요."

그 말을 듣고 나는 '아, 이 학생은 아직 사람과의 관계를 제대로 맺어 본 적이 없구나. 그래서 연봉 3억 원을 버는 남자라는 추상적 이미지만 갖고 있구나' 하고 생각했다.

막상 그 여학생한테 "여기 연봉 3억 원 버는 남자가 있는데 그것 때문에 이 사람하고 결혼할 건가요?"라고 물으면, 아마 싫다고 할 것이다.

인간의 행복과 인생관은 인간으로서 가진 종합적인 역량으로 결정된다.
돈을 우선시해서 만사를 결정하거나 연봉이 높다는 이유로 결혼을 선택하는 사람에게는, 그 결과 '하루에 얼마만큼의 고통을 느끼게 될 것인지'를 계산해 보라고 하고 싶다.

아무리 돈이 많다고 해도 그 사람이 반드시 행복할 것이라는 보장은 없다.

예를 들어, 연봉이 수억 원에 달하는 증권사 직원이 반드시 행복한가 하면 꼭 그렇지만은 않다. 마찬가지로 아무리 큰 수익을 창출하는 회사의 사장이라도 직원들로부터 신뢰받지 못한다면 매우 불행할 것이다.

이런 부자들은 항상 불안에 시달린다. 돈이 떨어지는 날 인연도 끊어진다는 사실을 잘 알고 있기 때문이다.

자신의 인간적 매력 때문이 아니라 돈 때문에 사람이 다가온다는 것을 아는 사람은 매우 외로운 삶을 살게 된다.

예전에 한 고급 호텔 레스토랑에 갔을 때가 생각난다. 옆 테이블에서 대단히 돈이 많아 보이는 남자가 두 여자와 함께 식사를 하고 있었다. 그런데 그 여자들은 지루함을 억지로 참고 있는 표정이었다. 이렇게 좋은 곳에 왔는데 저런 표정이라니 딱하기 짝이 없었다.

돈을 앞세운 인간관계는 오래가지 못한다.

그럴 바에는 자신이 진정으로 애정하는 사람과 분식집에 가는 편이 훨씬 행복하지 않을까?

부자 뇌를 만들자!

나의 행복과 인생관은 내가 가진 모든 역량에 달렸다.

연봉 1억 원이면
만족할 수 있을까

돈과 행복의 관계에 대한 관심은 늘 뜨겁다.

한 조사 결과에 따르면 수입이 10퍼센트 증가해도 그로 인해 행복해졌다고 느끼는 사람은 생각보다 적은 것으로 나타났다.

그뿐 아니라 연봉이 4,000만 원에서 9,000만 원 사이인 사람이 느끼는 행복도에는 큰 차이가 없다고 한다. 흥미로운 점은 연봉이 1억 원 이상이 되면 오히려 행복도가 떨어지는 경향이 있다는 것이다. 업무상 책임과 중압감이 늘어나면서 스트레스를 받기 때문일 것이다.

그렇게 생각하면 연봉이 1억 원이 되지 않아도 안정적인 생활을 유지하며 좋아하는 일을 하면서 사는 것이 뇌에도 가장 행복한 삶의 방식일지도 모른다.

이처럼 돈이 많다고 해서 반드시 행복한 것은 아니라는 점은 이미 모두가 아는 사실이다.

'이스털린의 역설Easterlin paradox'이라는 이론을 들어 본 적이 있는가? 이스털린의 역설은 행복 경제학의 중요한 연구로, 행복도와 소득 수준 간의 관계를 설명하는 이론이다. 이 이론은 서던캘리포니아대학교의 경제학자 리처드 이스털린Richard Easterlin의 이름을 따서 명명되었다.

이스털린은 1974년에 발표한 논문 「경제 성장이 인간의 행복을 증진하는지에 대한 몇 가지 경험적 증거」에서 흥미로운 주장을 펼쳤다. 그는 제2차 세계대전 이후 급속한 경제 발전을 이룬 일본에서 오히려 생활에 대한 만족도가 낮아지고 있다는 조사 결과를 예로 들며, 경제 성장과 소득 수준만으로는 국민의 행복을 측정할 수 없다고 주장했다.

그리고 미국에 대해서는 더욱 구체적인 견해를 제시했다. 가난한 사람의 경우 소득 증가가 행복감 상승으로 이어지지만, 중류층에 도달하면 소득 증가가 행복감에 큰 영향을 미치지 않는다고 설명했다. 일부 연구에 따르면 연봉이 7만 5,000달러를 넘으면 돈이 늘어나도 행복은 더 이상 증가하지 않는다고 한다.

이스털린은 이런 현상이 두 나라에만 국한되지 않고 다른 국가에서도 유사하게 나타난다고 주장했다(이스털린의 역설은 1인당 소득을 기준으로 한 것이므로, 가구당 소득으로 따지면 절대적으로 적지 않은 금액이다. 2022년에 발표된 「한국인 행복의 소득 만족점에 대한 연구」에 따르면, 우리나라의 경우 1인 가구의 소득은 연간 9,005만 원, 3인 가구의 경우 1억 5,500만 원을 넘으면 더 이상 행복도가 높아지지 않았다. 이 금액은 미국이나 일본 등 다른 나라와 비슷한 수준이지만 한국에서도 꽤 고소득이라 볼 수 있는 수준이다. 소득이 높아짐에도 불구하고 행복도가 높아지지 않는 이유 중에는 높은 소득을 얻기 위해 개인의 삶을 희생해야 하는 요인이 포함되어 있다. 우리나라와 일본처럼 집단을 위해 개인을 희생해야 하는 생활 방식도 영향을 미치는 것으로 보인다. 즉 조직(회사)을 위해 개인의 삶을 희생해야 하는 풍토가 개인 삶을 박탈당하는 것처럼 느껴져서 삶의 만족도를 떨어뜨린 것이라고 볼 수 있다. 물론 요즘 젊은 세대에서는 이러한 현상이 조금 달라지고 있기는 하지만 말이다.

한편 2008년에 펜실베이니아대학교 와튼스쿨 베시 스티븐슨Betsey Stevenson 교수는 이스털린의 역설을 전면으로 반박하는 연구 결과를 발표했다. 132개국을 대상으로 50년간 축적된 자료를 분석한 바에 따르면 부유한 나라의 국민 행복도가 가난한 나라의 행복도보다 높고, 나라가 부유할수록 국민의 행복 수준도 높다고 한다. OECD 국가별 행복도 조사에서 북유럽을 비롯한 선진국들의 순위가 상위에 올라 있는 사실을 보면 스티븐슨 교수의 말도 일리가 있어 보인다—감수자).

이스털린은 약 20년 동안 급속한 경제 성장을 이룩한 중국에 대해서도 분석한 바 있다. 그는 과학 저널 『미국국립과학원회보 Proceedings of the National Academy of Sciences』에 게재한 논문에서 '1990년에서 2010년 사이 중국은 1인당 소비 수준이 네 배로 증가했음에도 기대만큼 생활 만족도가 크게 증가했다는 증거가 없다'라는 연구 결과를 발표했다.

전체적으로 볼 때, 확실히 중국의 부유층은 이전보다 조금 더 행복해진 것 같지만 저소득층의 생활 만족도는 급격히 떨어진 듯하다.

이처럼 돈과 행복의 관계는 과학 분야에서도 오랫동안 꾸준히 연구되어 온 주제다.

일반적으로는 금전적으로 풍요로운 사람이 가난한 사람보다 더 행복할 수 있지만, 뇌과학적 견해로 볼 때 경제적으로 풍요로운 사람이 가난한 사람보다 반드시 행복도가 높다고는 할 수 없다.

일정 이상의 소득 수준을 넘어서면 소득 증가율과 행복도의 상승이 반드시 비례하지 않기 때문이다.

물론 돈이 많아도 행복해 보이지 않는 사람도 있고, 그다지 부유하지 않아도 웃음이 끊이지 않는 가족도 있는 것이 사실이다.

"돈이 인생의 전부는 아니다!"

"가족 모두가 건강하고 먹고살 수 있을 정도의 돈이 있으면 충분하다."

이런 생각도 부정할 수 없다.

이런 이유로 부탄에서 시행되는 국민총행복Gross National Happiness, GNH(이하 GNH) 지수 증가를 위한 노력이 주목받고 있다. GNH는 국민 개개인의 행복도를 끌어올려 국가 전체의 행복을 최대화하는 것을 목표로 한다(부탄의 GNH는 GNP(국민총생산) 같은 전통적인 경제 지표에서 누락된 심리적 웰빙, 건강, 교육, 문화적 다양성 및 회복력, 생활 수준 등 아홉 가지 요소들이 포함된 지표다. 1972년에 부탄 국왕이 'GNP보다 GNH가 더 중요하다'라고 언급한 이래 부탄의 헌법에 명시되어 있다. 반면 유엔이 조사하는 행복 지수에서는 부탄의 순위가 한국보다 훨씬 낮으며 2019년 95위를 기록한 이후로 순위에 나타나지 않고 있다—감수자).

물론 GNP나 GDP(국내총생산) 같은 자본주의적 가치가 그 나라의 경제 성장 수준을 나타내는 중요한 척도인 것은 사실이다. 하지만 이런 수치만으로 그 나라와 국민의 행복을 온전히 설명할 수는 없다. 경제 성장과 소득 수준만으로는 행복이 결정되지 않기 때문이다.

그렇다고 해서 돈이 전혀 중요하지 않다는 뜻은 아니다. 돈이 없으면 사회에서 살아가는 데 많은 어려움이 따르는 것도 분명한 현실이다.

그래서 더욱 중요한 것이 돈과 행복의 균형이다.

부자 뇌를 만들자!

중요한 것은 돈과 행복의 균형을 이루는 일이다!

부자들은 돈으로
행복을 사지 않는다

공포 문학의 대가로 불리는 작가 우치다 햣켄內田百閒은 전후 금전적으로 어려운 상황에서도 즐겁게 술을 마실 줄 알았다. 특히 밥풀을 이쑤시개에 꽂아 화로에 구운 뒤 간장에 찍어 안주 삼아 먹으며 이를 최고의 행복이라고 하기도 했다.

분명, 고급 요정에서 비싼 술을 마시는 것보다 이렇게 소박한 방식으로 술과 안주를 즐기는 행위는 궁극적 자유를 느끼게 하며, 일종의 사치스러운 감각마저 선사하는 듯 보인다.

센노 리큐千利休의 다기도 이와 같은 맥락에서 살펴볼 수 있다. 그는 대나무 숲에서 직접 자른 대나무로 찻숟가락과 화통을 만들어 사용했다. 오늘날 수십억 원에 달하는 그의 다기들은 본래 자연에서 얻은 거의 공짜나 다름없는 재료들로 제작된 것이다.

결국 극도로 저렴한 것과 비싼 것의 가치관은 연결되어 있음을 알 수 있다. 동시에 이는 어느 정도 경험이 쌓여야 발견할 수 있다.

비행기 이코노미석만 타던 학생 시절에는 늘 궁금했다. '비즈니스석이나 일등석을 타면 얼마나 다른 세상이 펼쳐질까?' '우아하게 샴페인을 마시면서 캐비어를 먹으면 어떤 기분일까?'

그런데 사회인이 되어 업무로 비즈니스석이나 일등석을 타는 경험을 하게 되자, 내 생각은 조금 달라졌다. '아, 비즈니스석이나 일등석이 좋긴 좋구나' 하고 생각하긴 했지만 기대했던 것만큼 큰 차이가 있진 않았다. 다소 좁고 잠자기 불편하긴 해도, 이코노미석도 충분히 괜찮다는 생각이 들었다.

==이처럼 인간의 본질적인 행복이란 돈으로 얻을 수 있는 것이 아니라는 사실을 이해하기 위해서는, 일정 부분 직접 경험해 보는 게 필요하다.==

인간과 돈의 관계에서 본래 내재된 성질을 극복하고, 스스로 행복을 느끼는 경지에 도달하는 것, 그것이야말로 행복의 본질일 것이다.

진정 부자의 뇌를 갖고 싶다면 한번쯤 행복의 본질에 대해 깊이 생각하는 시간을 가져보는 게 어떨까?

그러려면 어느 정도 돈을 벌어 보고, 그 과정에서 "아, 돈만으로는 행복을 살 수 없구나!"라는 깨달음을 얻어야 한다. 그런 경험은 우리 삶에 매우 의미 있는 일이다.

도쿄 옆 사이타마현에 살던 어린 시절, 나는 스스로 대도시 출신이 아니라는 것에 주눅이 들어 있었다. 하지만 지금은 도쿄의 번화가를 거닐거나 고급 식당을 드나들면서도 그때 왜 그런 감정을 느꼈는지 스스로 의아할 때가 있다. 이는 사회에 나와 다양한 경험을 차곡차곡 쌓고 성장하면서 행복의 본질에 가까워지며 생각이 바뀐 결과다.

부자 뇌를 만들자!

행복의 본질에 대해 깊이 생각하는 시간을 가져 보자!

성공의 본질은
돈이 아니다?

세상에는 이미 많은 돈을 가졌는데도 만족하지 못하고 계속해서 돈을 좇는 사람이 있다.

아마 그들은 별로 행복하지 않을 것이다.

나는 인간의 삶에서 매우 중요한 주제인 '행복이란 무엇인가'를 뇌 연구를 통해 탐구하고 있다. 다양한 사례를 접하면서 알게 된 점은 돈만 추구하는 사람은 삶의 행복이나 만족도가 낮을 때가 많다는 사실이다.

바로 그렇기에 사람들은 미야자키 하야오 감독이나 오타니 쇼헤이 선수 같은 삶에 매료되는 것이다. 이건 예술가나 운동선수의 삶은 돈을 목적으로 하지 않는다는 점을 우리가 어느 정도 이해하기 때문이 아닐까?

미야자키 하야오 감독은 스토리보드를 그리는 시간 자체에서 행복과 기쁨을 느꼈을 것이다. 물론 영화가 대성공을 거두어 경제적 보상을 얻었겠지만 여기서 본질은 돈을 좇는 데 있지 않다.

마찬가지로 오타니 쇼헤이 선수도 홈런 한 개에 수익이 얼마인지 계산하며 타석에 오르지는 않을 것이다.

돈 자체를 목적으로 삼는 태도가 돈을 벌 때는 도움이 될 수 있다. 하지만 돈과 행복의 균형을 고려할 때, 진정 중요한 것은 삶의 질과 행복이다.

인간에게는 소유욕이 있고, 우리는 돈으로 물건과 서비스, 또는 시간을 살 수 있다. 이런 이유로 우리는 돈을 어떻게 벌고 모을 것인지 고민한다.

하지만 돈 자체를 목적으로 삼게 되면, 인간의 뇌가 본래 최상의 기쁨과 행복으로 감지하는 '삶의 수단'에서 벗어나게 된다.

흥미롭게도 뇌는 다른 사람은 가난한데 나 혼자만 부유한 상황을 특별히 행복해 하지 않는 듯하다.

뇌과학에서는 이미 많은 돈을 벌고 있는 사람을 대상으로, 자신이 더 많은 돈을 버는 것과 주변 사람이 돈을 버는 것 중 무엇이 더 기쁜지 연구해 왔다.

일반적으로 사람은 자신이 돈을 버는 것을 더 좋아한다. 그러나 이미 만족할 만큼 돈을 번 사람은 오히려 주변 사람이 돈을 더 벌 때 더욱 행복감을 느끼는 경향이 있다. 이런 경우 도파민 등 뇌의 보상 체계가 활성화되기 때문이다.

즉 불평등이 감소할수록 뇌는 더 행복해진다는 사실이 연구를 통해 밝혀졌다.

사람은 누구나 돈을 많이 벌게 되면 더 행복해질 것으로 기대한다. 한편 행복은 다른 사람과 함께 보내는 시간 등 인간관계와도 밀접한 관련이 있다(돈은 뇌에서 보상감을 느끼게 만드는 많은 수단 중 하나일 뿐 그 외 많은 것이 보상을 제공한다. 인간의 두뇌가 지나치게 커진 이유를 설명하는 이론 중 하나인 '사회적 뇌' 가설에 따르면 사람들을 가장 행복하게 만드는 요소는 원만한 인간관계다. 뇌는 쉬는 시간이 생길 때마다 다른 사람들에 관해 생각하는 경향이 있다고 한다. 그래서 인간관계가 원만한 사람들은 늘 즐거운 생각으로 가득 차 있지만 그렇지 못한 사람들은 갈등이나 분노, 복수 등 부정적인 생각에 휩싸여 있을 수밖에 없고, 자연히 이런 사람들이 행복하다고 느낄 리 없다. '행복의 90퍼센트는 인간관계에서 온다'라는 철학자 키르케고르의 말처럼 좋은 인간관계는 뇌로 하여금 보상감을 느끼게 하는 중요한 요소다―감수자).

그러므로 빈부 격차가 너무 크면 결국 나도 덜 행복해진다. 그런 이유로 우리는 종종 타인에게 선물을 하거나 회식에서 동료를 대접하는 등의 행동을 하는 것이다.

뇌 메커니즘 연구는 '살아 있는 돈 사용법'을 실천하는 것이 나의 행복으로 이어진다는 사실을 밝혀냈다.

영화감독 기타노 다케시北野武는 그런 의미에서 바람직한 인물이라 할 수 있다. 그는 돈과 성공을 모두 거머쥐었지만, 자신만 유명해지기보다는 그가 속한 '다케시 군단' 멤버들을 육성해서 행복을 나누는 삶을 실천했다. 심지어 "아사쿠사에서 자란 내가 아사쿠사에 돈을 돌려주는 것"이라며 아사쿠사에서 말을 걸어온 행인에게 돈을 건네기도 했다(지위감도 행복에 영향을 미친다. 뇌의 입장에서는 지위감이 충족되는 일을 행복이라 여긴다. 이 외 자신이 하고 싶은 일을 하며 성취감을 느끼거나 도전을 통해 안정적인 삶에서 벗어나는 것에서 희열을 느낄 수도 있다. 이처럼 돈은 수 많은 행복의 수단 중 하나일 뿐이므로 돈 자체를 목적으로 여기는 것은 바람직한 자세가 아니다―감수자).

>
> **부자 뇌를 만들자!**
>
> 행복은 다른 사람과 함께 보내는 시간, 즉 인간관계와 밀접한 관계가 있다.

마음을 가난하게 만드는 먹고사니즘

누구나 알 듯, 명예는 돈으로 살 수 없다. 예를 들어 100억 원을 낸다 해도 노벨상을 받을 수는 없으며 국민영예상도 마찬가지다.

인간은 돈을 손에 넣으면 그다음에는 명예를 추구한다.

대표적으로 스포츠 선수가 그렇다. 수십억 원의 연봉을 받으며 클럽팀에서 활약하는 것보다 국가대표팀의 일원으로 나라를 위해 싸우는 데서 더 큰 긍지와 명예를 느낀다.

물론 진정으로 돈을 벌고자 한다면 국제 금융 분야에서 일하는 것이 가장 좋을 것이다. 이 분야에서는 보너스만으로도 수십억 원을 받을 수 있기 때문이다. 그럼에도 왜 모든 사람이 이 길을 선택하지 않을까?

인생은 돈이 전부가 아니라고 생각하기 때문이다.

사람은 창의적인 일에 자신의 꿈을 투영하는 면이 있다. 예를 들어, 애니메이터는 낮은 급여로 악명 높지만 여전히 많은 이가 이 직업을 꿈꾼다. 이것은 자주 언급되는 사실이지만, 일이 재미있고 의미 있다고 느끼면 비록 급여가 낮아도 사람은 그 길을 선택한다.

미야자키 하야오도 처음에는 별 볼 일 없는 애니메이터였다고 하는데, 그래도 일을 계속했던 것은 돈보다는 꿈을 좇았기 때문 아닐까?

내가 대학생이던 시절에는, 지금처럼 '뇌과학'이라는 분야가 대중적으로 알려지지 않았다. 당시에는 '그런 전공으로는 절대 먹고살 수 없다'라는 엄포 섞인 조언을 듣곤 했다. 나는 이과 학생이었고 성적도 그럭저럭 괜찮은 편이었기 때문에 학교 선생님들과 주변 사람들은 하나같이 의대에 가라거나 교직을 이수하라고 권했다. 왜 그런 조언을 하는지 물어보면 대체로 이유는 단순했다. 바로 '향후 수입이 좋을 것이기 때문'이었다.

"물리학으로는 절대 먹고살 수 없어. 평생을 가난하게 살아야 해."라는 협박에 가까운 압박을 받으면 학창 시절의 나는 마음이 불안했다.

하지만 결국 돈을 벌 수 있다는 이유만으로 인생의 방향을 결정한 적은 한 번도 없었다. 아마도 그저 '생계를 위해 직업을 선택해 일하는 것'이 결국 마음의 빈곤을 초래할 수 있음을 어렴풋이 깨닫고 있었기 때문 아닐까?

어쩌면 생계를 위해 일해야 한다는 강박이 오히려 국가적으로는 빈곤을 초래한 측면이 있을지도 모른다.

나는 생계보다는 나의 관심과 호기심에 따라서 다양한 분야에서 일하고 있다. 나의 경험을 비롯해 부를 축적한 사람들의 수많은 사례를 통해 알 수 있는 사실은 이것이다.

결국 자신이 하고 싶은 일을 해야 결과적으로 돈도 따라온다.

부자 뇌를 만들자!

오직 생계를 위해 직업을 선택하는 일은 결국 마음의 빈곤을 초래할 뿐이다.

부자들의 자본은
돈만이 아니다

공교육 안에서는 '돈'에 대해 배울 기회가 별로 없다.

나의 경우, 케임브리지대학교 유학 시절에 중요한 교훈을 배웠다. 바로 돈은 그저 벌고 늘리는 대상이 아니라 인생의 선택지를 확장시켜 주는 도구라는 것이다.

또 내가 영국에서 배운 것 중 하나는 '자본의 중요성'이라는 경제적 본질이다. 그전의 나는 자본의 중요성을 자본가가 생산 설비에 투자해 이익을 얻거나, 저축에 이자가 붙거나, 유망한 개인이나 기업에 투자하는 등 돈과 관련된 다양한 일화로만 이해했다.

그러나 영국인들과 대화를 나누며, 자본의 중요성에는 훨씬 더 넓은 의미가 있다는 것을 실감했다. 그것은 바로 '자본이 있기에 과감히 도전할 수 있다'라는 것이다.

실제로 케임브리지대학교는 부동산 사업을 하고 있어서, 이 수익으로 수월하게 학교 운영을 하고 있는데 덕분에 대학 교수들이 학문의 자유를 누리며 연구에 몰두할 수 있다.

또한 찰스 다윈은 부유한 가정 출신으로, 의사이자 성공한 투자가인 아버지 로버트 다윈의 슬하에서 자랐다. 덕분에 그는 평생 직장을 다니지 않고도 지구상의 다양한 생물이 어떻게 진화했는지 연구하며 『종의 기원』을 집필할 수 있었다.

이처럼 타고난 운으로, 다윈은 상속받은 '목돈=자본'을 활용해 런던 근교 켄트주에 집을 사들였고, 생애 대부분을 이곳에서 다양한 고찰과 실험을 하며 지냈다.

이렇게 영국에서는 자본을 놀거나 게으름 피우는 데 사용하지 않고, 독창성이라는 벌판을 질주하는 데 투자한다. 나는 이런 지혜로운 접근 방식이 영국 사회에 면면히 이어져 내려오고 있음을 유학을 통해 알 수 있었다.

이처럼 자본의 중요성을 고찰해 보면, 우리의 삶을 지탱하는 것은 돈만이 아니라는 점을 깨닫게 된다. 지식과 경험, 기술 또한 일종의 자본이다. 유무형의 자산, 인간관계 같은 다양한 요소가 자본으로써 우리 삶의 도전을 뒷받침하는 요소다.

이를 잘 보여 주는 문학 작품으로, 나쓰메 소세키의 소설 『도련님』을 들 수 있다. 이 작품의 주인공은 아버지가 세상을 뜨자 형에게서 받은 돈을 밑천 삼아 학업에 매진한다. 거기에는 '이 정도 자금이면 몇 년 동안은 충분히 공부할 수 있겠다'라는 생각이 깔려 있다. 이런 인식이야말로 자본의 중요성을 본질적으로 나타내는 것이다.

부자 뇌를 만들자!

돈뿐 아니라 지식과 경험, 기술 역시 인생의 자본이다.

성공한 CEO 중
유대인이 많은 이유

'유대인은 돈벌이에 능하다' '유대인은 돈에 깐깐하다'라는 말이 있다.

이런 유대인의 경제적 성향은 역사적 맥락에서 이해할 수 있다. 이스라엘 건국 이전, 그들은 자기 나라도 없이 떠돌아다녔으므로 어느 나라에서나 불안정한 상황에 놓여 있었고 언제 추방될지 모른다는 불안감 속에서 살았다.

이런 환경에서 유대인들은 돈에 대한 이해를 발전시키고 강화할 수밖에 없었던 것이다.

유학 시절 유대인 친구의 경제 관념을 경험한 적이 있다. 당시 영국에서는 체크카드 사용이 보편화되어 있었고, 슈퍼마켓에서도 캐시백 서비스를 받을 수 있었다. 나도 체크카드를 주로 썼는데, 당시에는 주머니 사정이 넉넉지 않아 매달 잔액을 확인하며 마음을 졸였다.

그러던 어느 날, 유대인 친구가 자신이 절대 체크카드를 쓰지 않고 신용카드만 쓰는 이유를 말해줬을 때 그 이유를 듣고 매우 놀랐다. 신용카드를 쓰면 물건을 구매한 날부터 결제일까지 '이자를 벌 수 있기 때문'이라는 것이다.

그 말을 듣고, 나는 유대인의 뛰어난 경제적 면모를 다시 한번 느꼈다.

실제로 유대인 중에는 다양한 분야에서 두각을 나타낸 사람이 많다. 발명가 에디슨, 상대성 이론으로 유명한 물리학자 알베르트 아인슈타인, 영화감독 스티븐 스필버그와 화가 피카소 등이 유대계 저명 인사다. 또 마이크로소프트, 맥도날드, 코카콜라, GM 등 세계적인 대기업의 설립자 역시 유대계 출신이다.

그렇다면 왜 유대인에게 돈이 모이는 것일까?

앞서 언급했듯 유대인들은 오랜 기간 돈 외에는 의지할 것이 없는 어려운 시기를 살아왔기 때문에 자연스럽게 돈을 모으고 관리하는 데 능숙해졌다.

또한 유대인들은 아버지가 자녀에게 장사하는 법을 가르치는 것을 종교적 의무로 여긴다. 그래서 자녀가 어릴 때부터 경제 교육을 철저하게 한다.

특히 주목할 만한 것은 유대인의 사고방식이다.

유대인들은 스스로를 객관적으로 바라보는 사고방식을 익힌다. 그중 하나가 '진자振子' 발상이다.

이것은 양면 사고라고도 불리는 유대계 사고의 특징으로, 한쪽 측면에서 생각을 시작했다면 그 생각을 반대 측면으로도 옮겨 보는 것이다. 즉 반대편 시각을 필터로 삼아 다른 각도에서 문제를 다시 바라본다. 그 뒤 다시 원래 생각을 시작한 곳으로 돌아온다. 이 과정을 여러 번 반복한다.

이 같은 방식으로 그들은 사고에 깊이를 더한다.

부자 뇌를 만들자!

부를 축적하는 유대인은 다른 각도에서 문제를 바라보는 방식으로 사고한다.

억만장자가 대저택,
고급차보다 좋아하는 것

지인 중에 이토 조이치伊藤穣一라는 매우 흥미로운 인물이 있다. 그는 '조이 이토'라는 애칭으로 널리 알려져 있는 기업가로, 일본인 최초로 MIT 미디어랩 소장으로 취임했다. 「뉴욕타임스」는 대학을 두 번이나 중퇴한 그가 MIT 미디어랩 소장으로 임명된 일은 매우 이례적이라고 전해 세간을 놀라게 했다.

무엇보다 그는 경제적으로도 성공한 사람이다.

한 번은 경영진들이 모인 파티에서 독특한 광경이 펼쳐졌다. 값비싼 정장과 넥타이를 맨 남자들 사이에서 한 사람만 티셔츠에 청바지, 운동화 차림을 하고 있었다. 조이 이토는 즉시 경영진들에게 이렇게 물었다고 한다.

"여기 억만장자가 한 명 있는데, 누군지 맞춰 보세요."

놀랍게도 그 편한 차림의 인물이 바로 억만장자였다.

그의 정체는 리드 호프먼Reid Hoffman. 2003년 서비스를 시작해 2013년에는 전 세계적으로 2억 3,000만 명이 이용하는 서비스가 된 소셜 네트워크 서비스 기업 링크드인LinkedIn의 창업자이자 회장이다.

미국 IT 기업에서 성공한 사람들은 부자라는 개념을 바꿔 놓았다.

페이스북(현 메타meta) 창업자 마크 저커버그는 여전히 점퍼 차림으로 기자회견에 나타난다는 이유로 미국의 일부 권력자에게 질타를 받는다.

'페이스북은 이제 글로벌 기업이 되었으니 제대로 차려입으라' 하고 비판하지만, 저커버그는 아랑곳하지 않고 점퍼 스타일을 고수하고 있다.

즉 차원이 다른 부를 이룬, 부자의 뇌를 가진 성공자들은 체면이나 자존심을 위해 불필요한 돈을 쓰지 않는다.

과거에 부자의 이미지가 고급 주택과 자동차로 상징되었다면, 요즘 젊은 부자들은 돈에 대한 가치관에서 큰 변화를 보인다.

이런 변화는 마이크로소프트의 창업자인 빌 게이츠가 부상하기 시작한 무렵부터 점차 뚜렷해진 것 같다. 그는 시애틀에 방 60개짜리 대저택을 지었지만, 아마도 그가 원해서 지은 것은 아닐 것이다. 게이츠는 예전부터 이코노미석만 이용한다는 소문이 있었고, 미국에서 열린 각종 회의에서 그를 본 적이 있지만, 그의 옷차림이 특별히 '멋있다'라고 느낀 적은 없다.

그런 의미에서 그는 대중의 시선이나 자신의 외모에 관심이 없어 보인다.

이런 가치관을 형성한 배경 중 하나로는 인터넷 사회에서의 교육을 들 수 있다.

그중에서도 이전에 화제가 된 무크Massive Open Online Courses, MOOC라는 교육 시스템이 대표적이다. 무크는 기본적으로 웹 기반의 무료 참여 대규모 강의이며 주로 미국 대학을 중심으로 운영된다.

도쿄대학을 예로 들자면, 일본의 전통적 교육 시스템은 매년 약 3,000명의 신입생을 선발하는데, 이 좁은 문을 통과하기 위해서는 어릴 때부터 사교육에 의존해야 한다. 중학교 입시를 위한 학원비만 해도 500만 원 정도는 든다. 결과적으로 기존 교육 시스템에서는 소득 격차가 교육 격차로 이어질 수도 있다.

그런데 무크와 같은 시스템이 등장하면서 다양한 주제를 무료로 배울 수 있는 커리큘럼이 제공되고 있다. 이를 활용한다면 유능한 인재를 동시에 1만 명, 혹은 10만 명 규모로 육성할 수 있다.

즉 정보 접근이라는 관점에서 보면, 인터넷에 연결된 PC 한 대만 있어도 사실상 정보 격차가 사라지는 셈이다.

이런 맥락에서, IT 분야의 억만장자들 또한 호화로운 주택이나 고급차 같은 사치품보다는 ==얼마나 가치 있는 정보와 연결되어 있는지를 더 중시한다는 공통점이 있다.==

이런 가치관을 가졌기에 자연히 그들의 생활이 상대적으로 검소해진 것이다.

요즘 같은 시대에는 무엇이 행복이고, 무엇이 사치인지를 판단하는 감각과 가치관도 조금씩 바뀌고 있다.

예를 들어, 도심의 고급 레스토랑에서 식사를 하거나 멋진 정장을 입고 다니는 것보다 시골에서 자연을 만끽하며 SNS의

바다에서 유익한 정보를 찾을 때가 더 행복할 수도 있다.

결국 얼마나 가치 있는 정보를 손에 넣을 수 있는지, 그리고 그 정보를 어떻게 돈으로 바꿀 것인지가 중요해지는 것이다.

부자 뇌를 만들자!

이제는 얼마나 가치 있는 정보를 가졌는가, 그 정보를 어떻게 돈으로 바꾸는가가 중요하다.

감수자 칼럼

돈, 행복의 필수가 아닌 필요조건

돈과 인생의 행복이 반드시 일치하지는 않지만 돈은 우리 삶의 질에 큰 영향을 미친다. 돈이 많다고 해서 행복해지는 것은 아니지만 돈 없이 행복해지기도 쉽지 않다.

미국 하버드대학교의 센딜 멀레이너선 Sendhil Mullainathan 교수 등이 수행한 실험은 일상생활 속 돈의 중요성에 대해 우리에게 생각거리를 던져 준다. 그의 연구팀은 뉴저지주의 한 매장에서 쇼핑객들을 대상으로 지능 지수를 측정하는 실험을 실시했다. 측정에 앞서 상황을 제시했는데, 자동차가 고장 나 수리 비용으로 300달러가 필요하고 이 중 절반인 150달러는 보험으로 메울 수 있다는 것이었다. 이후 수리 비용이 3,000달러이며 보험으로 해결 가능한 금액은 1,500달러라고 상황을 변경한 후, 다시 지능 지수를 측정했다. 그러자 저소득층으로 분류된 쇼핑객들의 지능 지수가 첫 번째 질문 상황에 비해 무려 14점이나 떨어졌다. 이 수치는 만성 알코올 중독을 겪거나 24시간 동안 잠을 자지 못한 사람에게서 나타날 수 있는 수준이라고 한다.

그러한 결과가 나타난 이유는 너무나 간단하다. 300달러, 즉 44만 원 중 절반에 해당하는 22만 원은 아무리 가난한 사람들이라고 해도 어떻게든 감당할 수 있는 돈이다. 쪼들리기는 해도 부담하기 어려울 정도로 큰 금액은 아니다. 하지만 3,000달러, 즉 440만 원은 가난한 사람에게 한 달 생활비를 넘을 수 있는 큰 금액이다. 이 중 반인 220만 원을 자기가 부담해야 한다는 것은 몹시 걱정스럽고 우울한 상황이 아닐 수 없다. 비록 가상의 상황임에도 불구하고 가난한 사람들은 그 돈을 조달하고 상환할 걱정에 사로잡혀 지능 지수를 측정하는 테스트에 충실하게 임할 수 없었다.

이 실험을 통해 연구팀은 인간의 지능에는 한계가 있어 한쪽에 신경을 쓰면 다른 쪽에는 신경을 못 쓰게 된다는 사실을 밝혔다. 뇌를 짓누르는 스트레스 요인이 있으면 뇌는 그 걱정거리에 사로잡혀 다른 것에 주의를 쏟지 못하고 집중할 수 없게 된다는 것이다.

예상치 못한 경제적 어려움은 가난한 사람들에게는 큰 스트레스 요인이 된다. 오로지 그 문제의 해결 외에는 다른 것에 신경 쓸 여력이 없다. 가난한 사람들이 미래 지향적인 사고나 태도를 가지기 힘든 이유도 이 때문이다. 경제적으로 어려운 상황에서는 교육이나 자기계발, 더 나은 삶을 위한 기회 투자처럼 빈곤에서 벗어날 수 있는 장기적인 계획을 구상할 여력을 가질 수 없고, 그 결과 더 나은 삶을 살 수 있는 기회가 줄어든다는 것이다.

이것이 바로 가난이 대물림되는 이유다. 가난한 사람들이 부자들처럼 장기적인 관점에서 인간관계, 꿈, 건강 등에 관심을 가지고 투자를 하지 못하고, 눈앞의 이익에 연연하는 이유도 이 때문이다. 당장 먹고사는것이 걱정인 사람들에게 장기적인 관점에서 투자하는 일은 배부른 사치인 셈이다.

돈이 있다고 해서 행복한 것은 아니지만 행복하기 위해서는 어느 정도 돈이 필요한 것도 사실이다.

The Brain of the RICH

3장

★★★★★

돈을 부르는 뇌의 비밀

뇌는 가진 돈만큼 움직인다
투자에 필요한 '잡식성' 뇌
큰돈은 아주 작은 혁신으로 벌 수 있다
기분에 마법을 걸어라, 돈이 돌고 돈다
감수자 칼럼 | 불확실한 미래에 불안을 느끼는 뇌

뇌는 가진 돈만큼 움직인다

우리 뇌의 정서 회로에는 감정 시스템이 존재한다. 바로 '확실한 것'과 '불확실한 것' 사이의 균형을 잡는 역할을 하는 '포트폴리오'라는 감정 시스템이다.

포트폴리오는 성인이 되면서 경험과 지식, 저축 등의 '확실성'의 영역이 충분히 축적될수록 '불확실성'의 영역, 즉 새로운 영역에 대한 도전을 더 많이 시도할 수 있도록 설계되어 있다.

워킹 푸어Working Poor는 열심히 일하고 정기적인 수입이 있음에도 불구하고 빈곤에서 벗어나지 못하는 계층을 뜻하는 용어다.

워킹푸어는 대체로 저축보다 부채가 더 많다. 그리고 '하루 벌어 하루 먹고사는 생활Paycheck to Paycheck', 즉 매월 받는 급여로 겨우 생계를 유지하는 상태가 일반적이다. 일부 워킹 푸어는 현재 수입을 넘어서는 걸 적극적으로 추구하지 않는 삶의 태도를 고수하는 경향도 보인다.

뇌과학적 관점에서 볼 때 아무리 일해도 저축할 돈이 거의 없고 매일 그럭저럭 먹고사는 상태에서는, 뇌에 '확실성'이라는 요소가 없기 때문에 도전하는 힘을 잃는다. 즉 커리어 상승을 위한 이직이나 창업 같은 불확실성이 높은 도전을 할 수 없게 되는 것이다.

==우리가 불확실한 영역에 도전하려고 할 때, 저축된 돈(확실성의 영역)이 없다면 우리 뇌는 균형을 유지할 수 없다.==
저축이 100만 원인 사람은 100만 원어치의 불확실성을 받아들일 수 있다.
저축이 1,000만 원인 사람은 1,000만 원어치의 불확실성을 받아들이고 도전할 수 있다.

평범한 가정에서 자란 사람과 달리, 가문을 배경으로 활동하는 기업인이나 정치인은 이미 상당한 자산을 가지고 있기 때문에 자신의 경력을 선택할 때 큰 위험을 감수할 수 있다.

하지만 그런 사람들도 저축한 돈을 유지하거나 늘리지 못한다면 결국 불확실성을 감수하지 못하게 될 것이다. 타고난 부를 가졌든, 스스로 축적해 낸 부를 가졌든 확실성(자산)의 규모만큼 불확실성의 영역에 도전할 수 있다.

찰스 다윈 또한 『종의 기원』 집필이라는 역사에 남는 도전을 이뤄 낸 데는 충분한 자산이 있었기에 가능했다.

부자 뇌를 만들자!

저축이 100만 원이면 100만 원만큼의 도전을, 1,000만 원이면 1,000만 원만큼의 도전을 할 수 있다.

투자에 필요한
'잡식성' 뇌

우리 뇌는 불확실성에 직면했을 때 가지고 있는 경험, 지식, 상황적 맥락을 총동원해 충분한 확실성을 제공하려 한다.

예를 들어, 업무에서 특정 거래처에 지나치게 의존하는 것은 포트폴리오 관점에서 바람직하지 않다. 해당 거래처와의 관계가 악화될 경우 큰 손실을 초래할 수 있기 때문이다. 그래서 뇌는 '이 회사는 가능성이 있지만 불확실성이 크다'라거나 '이곳은 성장 가능성은 적지만 안정적이다' 같은 판단을 통해 거래처를 골고루 균형 있게 맞추려고 한다.

이것은 우리 뇌가 불확실성에 직면했을 때 수행하는 일종의 위험 회피risk hedging다(소설가 밀란 쿤데라Milan Kundera는 '두려움의 원천은 미래에 있다'라고 했다. 일반적으로 인간은 미래에 두려움을 느끼는데 그 이유는 알 수 없는 불확실성이 존재하기 때문이다. 따라서 우리 뇌는 불확실성에 무척 민감하게 반응한다. 뇌가 중요하게 여기는 생존과 번식이라는 본능적인 욕구를 위협할 우려가 있기 때문이다. 뇌는 무언가 확실치 않은 상황에서는 결과를 부정적으로 예측하려는 경향이 있다. 불확실한 상황을 긍정적으로 예측하는 것보다는 부정적으로 바라보는 것이 더 안전할 수 있기 때문이다. 이에 따라 두려움이 증가하고 상황을 통제할 수 없다는 생각에 불안감이 높아진다. 스트레스가 심해지고 신체 호르몬에 불균형이 생겨서 정신적으로나 육체적으로 좋지 않은 영향을 받게 된다. 그래서 사람들은 통제할 수 없는 것에 대해서는 받아들일 수밖에 없지만 스스로 통제할 수 있는 것에는 선제적으로 대응함으로써 불확실성을 제거하려고 노력한다. 정기적으로 검진을 받음으로써 질병으로 인한 고통에 대비하거나 보험에 가입해서 예상치 못한 사고에 대비하려고 한다. 마찬가지로, 저축도 소득이 끊기거나 감소해 경제적 절벽에 맞닥뜨리게 될 가능성, 즉 미래의 불확실성에 대비하기 위해 현재의 여유 자금을 남겨 두는 행위이다. 리스크를 해결함으로써 불확실성을 줄이기 위한 사전 조치인 셈이다―감수자).

이를 나는 '잡식성 뇌'라고 부른다.

투자에서도 마찬가지다.

한곳에 집중적으로 투자하는 것은 큰 리스크를 동반한다. 따라서 투자 대상을 고위험-고수익과 저위험-저수익 항목으로 균형 있게 분산하라고 하는 것이다.

즉 투자에 있어서도 포트폴리오를 어떻게 유지할 것인지 뇌가 판단하고 처리하는 것이다.

인간의 뇌는 불확실성에 어떻게 적응하는지에 따라 진화해 왔다.

아마도 뛰어난 투자자들은 자신의 뇌가 가진 감정 회로를 매우 효과적으로 활용할 것이다.

그들은 이 투자가 얼마나 안심할 수 있고 얼마나 불안한지를 기준으로 포트폴리오를 조정하고 최적의 리스크를 선택한다.

부자 뇌를 만들자!

뛰어난 투자자들은 뇌가 가진 감정 회로를 매우 효과적으로 활용한다.

큰돈은 아주 작은 혁신으로
벌 수 있다

기업이나 인간이 급성장할 때는 반드시 이전에 없었던 분야를 만들어 낸다. 즉 혁신(대표적으로 기술 혁신)이 일어나는 것이다.

예를 들어 구글의 웹 광고는 기존에 거의 존재하지 않았던 새로운 형태의 광고로, 이것이야말로 혁신이라고 할 수 있다. 또한 아이폰과 아이패드가 나온 덕분에 애플은 이만큼 기업 성장을 이뤘고 시가 총액도 늘어났다. 이 또한 혁신이다.

안타깝게도 정보 기술IT 분야 외에 다른 비즈니스에서는 세상을 뒤집는 혁신을 목격하기가 쉽지 않다.

백화점 같은 업태는 새로운 변화를 만들어 내지 못한 채, 기존 상품과 서비스에 의존해서 사업을 하고 있다. 그 결과 시장에 유통되는 상품과 서비스가 제조업체 간 차별성을 상실해서 어느 제조업체의 상품이나 서비스를 구매해도 큰 차이가 없게 되었다.

또 소니를 비롯한 전통적인 제조업체들도 과거 영광의 그림자에서 벗어나지 못한 채 '워크맨'과 같은 혁신을 일으키지 못하고 있다.

이처럼 혁신 없이는 기업도, 개인도 성장하지 못한다.

제조업 강국 일본에서 보기 드물게 혁신을 일으킨 기업도 있다. 바로 많은 이용자를 보유한 글로벌 메신저 서비스 라인 LINE이다. 라인은 현재 다양한 수익화 monetize(인터넷상의 무료 서비스로 수익을 올리는 것) 방식을 통해 세계적인 서비스로 성장했다.

이전에 나는 라인 창업자 모리카와 아키라 森川亮와 이야기를 나눈 적이 있는데, 그는 '라인이 출시된 지 약 2주 만에 성공을 확신했다'라고 말했다.

이런 혁신 기술은 엄청난 비용과 노력을 들여서 광고하지 않아도 계속 성장한다. 이용자 수도 2023년 6월 말 기준으로 전 세계 1억 9,800만 명에 달한다.

시대와 분야, 환경 등 조건을 막론하고, 큰돈을 벌 수 있는 상황은 대개 혁신의 결과로써 마련된다. 그리고 이런 혁신적 상황에서는 급격한 성장이 가능하다.

그러므로 아주 작은 것이라도 좋으니, 우리 각자의 삶에서도 혁신을 일으키는 방법에 대해 진지하게 고민해 보는 게 어떨까?

부자 뇌를 만들자!

인생에서 혁신을 일으키는 방법을 진지하게 고민해 보자.

기분에 마법을 걸어라, 돈이 돌고 돈다

'병은 마음에서 온다'라는 말이 있다.

이 문구에 '경제'라는 단어를 대입해 '경제는 마음에서 온다'라고 바꿔도 말이 된다. 또 여기서 '마음'은 '기분'으로 바꿔 말할 수 있다.

말하자면 '뇌에 근거 없는 자신감을 심어 주면 경제가 움직인다'라는 뜻이다.

경제와 뇌의 관계를 생각할 때 중요한 점은 '어떻게 사람의 기분을 변화시킬 것인가'이다.

단순히 '경기가 좋아질 거예요'라는 말만으로는 충분하지 않다. 사람들 사이에서 더 구체적이고 생생한 이미지를 공유하도록 하는 것이 관건이다.

이 과정에서 인식의 전환을 유도하려는 의도를 가진 '선전 행위', 즉 프로파간다propaganda가 조성된 것을 사람들이 깨닫지 못하게 해야 한다. 모든 곳에 암묵적으로 설계된 교묘함이 필요하다.

이것은 경제 회복을 위한 고도의 테크닉 중 하나다.

세상에는 사람의 기분(마음)을 좌지우지할 줄 아는 사람들이 존재한다.

나치 독일의 요제프 괴벨스가 대표적이다. 현대 사회, 특히 미국과 영국을 비롯한 주요 국가의 정부는 대중 홍보에 특화된 공보 인력을 두고 있고, 그런 사람들이 실제로 세상을 움직인다.

이전에 로널드 레이건 대통령이 점성술사와 만났다는 뉴스가 나온 적이 있었다. 점성술도 어떤 의미에서는 '사람의 기분을 움직이는' 역할을 한다. 가령 나는 천칭자리인데, 누군가 "천칭자리의 운세가 정말 좋아요."라고 말하면, 그 말 한마디에 기분이 달라지는 것을 느낀다.

뇌과학적으로 볼 때, 점성술은 일종의 자기 암시로 설명될 수 있다.

비즈니스에서도 '뇌를 산책시켜서 기분을 전환할 수 있는' 사람이 반드시 성공한다.

기억하자. 과학적 사고, 합리적 사고의 토대에 기분(마음)이 있고, 바로 경제는 기분(마음)에 따라 좌우된다.

부자 뇌를 만들자!

뇌에 근거 없는 자신감을 심어 주면 경제(돈)가 움직인다.

감수자 칼럼

불확실한 미래에 불안을 느끼는 뇌

뇌가 하는 일은 무척 많다. 그중 하나가 미래를 예측하는 일이다.

미래에는 늘 불확실성이 존재한다. 불확실성을 없애는 방법 중 하나는 과거의 경험을 바탕으로 세상이 어떻게 변화될 것이라는 가상의 모델을 만들고 그것을 통해 미래를 예측하는 것이다. 알 수 없는 미래이지만, 과거의 경험치에 비추어 봤을 때 '미래는 이렇게 흘러갈 것이다'라고 예측하면 그 불확실성이 조금이나마 해소된다고 여길 수 있다. 그래서 사람들은 미래를 예측하려는 성향을 가지는 것이다.

최근의 뇌과학 이론에 따르면, 자신이 예측한 것과 현실에서 벌어진 일 사이에 차이가 발생했을 때, 그곳에서 기쁨이나 슬픔, 놀람이나 분노 같은 감정이 생겨난다고 한다. 자신이 예측한 것과 현실이 딱 맞아 떨어지면 기쁨을 느끼고, 그 차이가 크거나 바람직하지 못한 방향으로 가면 놀람이나 슬픔을 느끼게 되고 때로는 화가 나기도 하는 것이다. 미래 예측이 빗나가는 것을 잘 받아들이지 못하게 되면, 그에 따라 분노나 불안 등 부정적인 감정을 느낄 수도 있다.

'사람들의 기분을 움직이면 경제가 움직인다'라는 저자의 주장을 다시 떠올려 보자. 긍정적인 기분이 든다는 것은 미래에 대해 나쁘지 않게 예측한다는 것을 의미한다. 즉 미래가 지금보다 나아질 것이라고 여기는 것이다. 미래를 부정적으로 감지하면 소비를 줄이고 현금을 보유하는 등 불확실성에 대비하려는 노력이 늘어나지만, 그 반대로 미래를 긍정적으로 감지하면 그 동안 졸라맸던 허리띠를 풀고 소비를 늘려 나간다. 소비가 늘어나면 당연히 통화의 흐름이 증가하고 기업의 생산이나 투자도 늘어나므로 경기는 좋아질 수밖에 없다.

사람들은 각자 자신의 경험을 바탕으로 한 모델을 만들어 미래를 예측하려고 한다. 이때 불확실성을 싫어하는 뇌는 예측 가능한 미래의 상황을 설정하고, 그에 대비함으로써 미래의 불확실성이 가져올 피해를 줄이려고 한다. 그것이 위험 회피다.
기업에서 한 해의 사업 계획을 수립할 때는 과거의 경험을 바탕으로 환율을 예측하고 그것을 이용해 수입과 지출 등 현금의 흐름을 추정한다. 그러나 예측은 빗나갈 수 있다. 만일 수출을 주로 하는 기업에서 사업 계획 시 예측한 것보다 환율이 떨어지면 미래의 수익이 악화될 수 있다.

반대로 수입을 주로 하는 기업에서 예측보다 환율이 올라가면 수익은 감소될 수 있다. 이런 경우 불확실성은 고스란히 위험 요인이 될 수 있으므로 이를 방지하기 위해 위험 회피를 한다. 예측과 반대되는 일이 벌어질 때 그로 인한 피해를 최소화할 수 있도록 반대 상황에도 투자를 함으로써 발생 가능한 충격을 완화하고자 하는 것이다.

4장

돈을 부르는 인간관계의 비밀

돈, 인간관계를 시각화하는 도구
부자들이 가장 아낌없이 투자하는 한 가지
당신의 뇌에 감동을 선물하라
부자의 주변에 부자가 많은 이유
부를 부르는 사람은 저절로 찾아오지 않는다
인생의 승자 편에 서는 사람은 '이것'이 다르다
감수자 칼럼 | 부자들이 레버리지를 공부하는 이유

돈, 인간관계를 시각화하는 도구

돈을 번다는 것은 '추상적 보상'을 얻는 행위이고, 이는 매우 중요한 사회적 행동이기도 하다.

이 행동과 돈을 연결하는 것은 역시 인간관계다.

뇌과학의 견지에서 볼 때, 돈은 '인간관계를 눈에 보이게 만든 것'이다.

즉, 인간관계가 충실한 사람에게 돈도 모인다는 것이 뇌과학자로서 내 관점이다.

포틀래치potlatch라는 용어를 들어 본 적이 있는가?

이는 북태평양 연안의 원주민 사회에서 널리 행해지던 문화적 관습이다. 포틀래치는 위신과 명예를 걸고 행하는 증여와 낭비의 경쟁적 교환 의식으로, 자신의 두둑한 배포를 과시하기 위해 행해지던 풍습이다.

포틀래치를 주최하는 사람은 출생, 결혼, 장례, 성년식, 새 집 건축 등 다양한 의례에서 성대한 잔치를 연다.

그리고 그동안 축적해 온 재물을 손님에게 아낌없이 대접함으로써 자신의 지위와 재력을 과시한다. 초대받은 손님들 역시 명예를 걸고 다른 기회에 더 성대하게 이를 갚는다.

나는 이 포틀래치의 과정이 돈과 인간관계의 본질과 같다고 느낀다.

도쿄예술대학에서 강사로 일하던 시절에는 수업을 마치면 종종 학생들과 함께 근처 공원에 가서 마치 야외 수업을 하듯 맛있는 것을 먹고 자유롭게 대화를 나누곤 했다.

지금 내가 예술 영역에 종사하는 사람들과 연결되어 예술 관련 일을 많이 맡아서 하고 있는 것은, 모두 당시 공원 모임 덕분이다.

딱히 예술 관계자들과 인맥을 쌓거나 부유한 사람과 인간관계를 구축하려는 의도로 공원 모임을 가진 게 아니다. 단지, 내가 즐거워서 했던 일이었다. 그런데 그 결과로 좋은 인간관계가 형성되었고, 훗날 수익 창출로도 이어졌다.

이처럼 사람과의 교류, 즉 인간관계를 형성하는 것은 어떤 의미에서 투자라고 할 수 있다.

그러므로 인간관계에서 돈을 아끼는 사람은 결코 부자가 될 수 없다.

반대로 말하면, 크게 성공한 사람이나 부자들은 인간관계에 쓰는 돈이 언젠가는 자신에게 돌아온다는 것을 알고 있다.

부자 뇌를 만들자!

인간관계에서 돈을 아끼는 사람은 결코 부자가 될 수 없다.

부자들이 가장 아낌없이 투자하는 한 가지

나는 어떤 사람의 인간관계를 보면 그 사람이 어떤 사람인지 대략 알 수 있다.

부자 주변에는 부자가 모이고, 가난한 사람 주변에는 가난한 사람이 모이기 때문이다.

즉, 부자 주변에는 '돈을 버는 사람'이 많이 모이기 때문에 그가 부자인 것이며, 좀처럼 돈을 벌지 못하는 사람 주변에는 돈이 없는 사람이 모여들기 때문에 돈을 벌지 못한다는 도식이 생성된다.

이것이 인간관계의 본질이다.

많은 돈을 벌거나 부자가 될 수 있을지는 '어떤 사람과 만나고 있는가', 즉 인간관계에 큰 영향을 받는다.

진심으로 부자가 되고 싶은가?
그렇다면 지금까지의 인간관계를 돌아보자. 지금 내가 교류하고 있는 동료들이 돈을 벌고 있는 사람들인지, 혹은 나에게 가치 있는 사람인지를 파악하는 것이다.

부자가 되는 것은 결코 혼자만의 노력으로 이룰 수 있는 일이 아니다.
성공의 뒤에는 유익한 인간관계가 자리 잡고 있으며, 훌륭한 상사와 파트너, 신뢰할 수 있는 거래처, 혹은 전문적인 조언자와 응원해 주는 사람의 도움이 반드시 필요하다. 이런 도움과 협력을 통해 성공을 쟁취한 결과, 비로소 부자가 되는 것이다.
여기서 알아야 할 것은, 부자들이 인간관계를 매우 중요하게 여긴다는 사실이다.
다양한 사람을 만나고 소중한 사람과의 관계를 깊게 만드는 것을 최우선 과제로 삼으며 이를 위해 아낌없이 돈과 시간을 투자한다.

또한 인간관계를 구축하는 데 있어 돈을 사용하는 방법에도 주의를 기울인다.

예를 들어, 돈을 벌 줄 아는 사람은 자신이 참석하는 세미나에서 형성될 인간관계를 고려해 그에 상응하는 비용을 아낌없이 투자한다. 고액의 세미나일수록 그만큼 돈과 시간을 투자할 가치가 있는 성장 지향적인 사람이 모인다는 점을 잘 알고 있기 때문이다.

반면, 돈을 벌지 못하는 사람은 '무료니까 참가해 보자' 혹은 '가성비가 좋을 것 같으니 참가해 보자' 같은 이유로 세미나를 선택한다. 하지만 무료나 저렴한 것에서 얻을 수 있는 기술이나 인간관계는 별 도움이 되지 않는 경우가 많다(뇌는 무언가에 에너지를 투자하면(소모하면) 그에 상응하는 대가를 얻으려 한다. 그 대가를 얻는 데 모든 두뇌 활동을 집중한다. 만일 투자하는 금액이 크면 기대가 커지게 되고, 뇌 안에서 보상 회로가 더욱 활성화된다. 투자한 만큼의 대가를 얻기 위해 더 많은 두뇌 자원을 할당하고 의지를 다진다. 투자한 것을 회수하지 못하는 위험을 제거하기 위해 더욱 큰 주의를 기울이고, 뇌의 감각과 감정 (처리) 시스템이 더 민감하게 반응하여 몰입을 이룬다. 작은 것이라도 도움이 되는 내용들을 찾아 내어 활용하려고 노력한다.

반면 투자가 전혀 이루어지지 않았거나 상대적으로 무시할 수 있는 수준의 투자가 이루어진 일에 대해서는 고액 투자 사례에 비해 두뇌 활동이 소홀해진다. 비용이 들지 않아서 위험 요소가 없다고 인식하거나 소액이라서 무시할 수 있는 위험 수준이라고 여기기 때문이다. 정신 집중이 이루어지지 않아 산만해지고 다른 일과 비교할 때 가치가 떨어진다고 생각되면 뇌는 쉽사리 포기하고 다른 일을 선택한다. 무료로 진행되는 세미나에 참석 신청을 했다가 친구가 맛있는 음식을 사 주겠다고 하면 세미나 참석을 포기한다. 오래전에 모집을 진행한 무료 강의가 개최 당일 참석자 수가 적은 것도 같은 이유 때문이다.

한편으로 '비싼 것이 가치 있을 것이다'라는 플라세보 효과도 있다. 모든 사람이 그런 것은 아니지만, 대체적으로 무료 혹은 저가의 행사나 모임, 강의에 참석하는 사람들이 느끼는 심리가 그렇다 보니 그 안에서 만나는 사람들에 대해서도 큰 가치를 부여하지 않는다. 저자는 이러한 측면을 지적한 것이다—감수자).

돈을 모으는 것도 중요하지만, 인간관계와 자신에게 투자하는 것 또한 매우 중요하다. **인간관계가 넓어질수록 투자한 돈 이상의 행복과 성공을 반드시 얻게 된다.**

특히 비즈니스 관계라면, 다른 사람은 쉽게 얻을 수 없는 유익하고 실질적인 정보를 얻거나 때로는 어려울 때 도움을 주는 인맥을 쌓는 계기가 되기도 한다.

부자의 뇌를 가진 사람은 '남에게 무언가를 베풀면 언젠가 나에게 돌아온다'라는 원리를 잘 알고 있다.

그런 철학을 바탕으로, 그들은 업무상 접대나 축하 선물, 또는 유익한 투자 같은 방법으로 일상 속에서 습관처럼 돈을 '순환'시킨다.

진정으로 성공하고 싶거나 부자가 되기를 원하는가? 먼저 내 주변 사람과의 관계를 돌아보고, 가치 있는 인맥을 이루는 데 정말 아낌없이 투자해야 한다.

부자 뇌를 만들자!

다른 사람에게 베풀수록 언젠가 그만큼 나에게 돌아온다.

당신의 뇌에
감동을 선물하라

부자의 뇌를 가진 사람들은 입을 모아 이렇게 말한다.

'인간관계는 넓어질수록 재산이 된다.'

이것은 단순히 비즈니스로 얽힌 인간관계의 확장만을 의미하지 않는다. 일상생활의 친구 관계나 SNS로 연결된 사람과 교류할 때도 똑같이 적용된다.

여기에 돈이 관련되면 더더욱 그렇다. 평소 인간관계를 친밀하게 유지하면 다양한 이점을 얻을 수 있고, 궁극적으로 재산을 늘리는 데도 도움이 되기 때문이다.

그렇다면 부자들은 인간관계를 구축하는 데 어떤 방식으

로 돈을 쓸까?

우선 부자들은 자신이 좋아하는 것을 통해 얻을 수 있는 감동(뇌과학에서 이를 '보상'이라고 설명한다)**에 돈 쓰는 것을 주저하지 않는다.**

즉, 부자나 성공한 사람은 인간관계에 돈 쓰는 것을 단순 지출이 아닌 감동을 주고받는 '체험'의 하나로 인식한다.

뇌는 이런 감동 체험을 지속적으로 추구하는 특성이 있는데, 부자일수록 이런 감동 체험을 더 자주 만들어 내는 경향이 있다.

결과적으로 그들은 무의식중에 자산을 늘릴 수 있는 인맥을 선택하고 그에 걸맞은 행동을 한다.

부자가 되기 위한 돈 사용 습관인 '감동 체험'을 추구하기 위한 인맥을 일부러라도 만들어 보자.

그런 긍정적 경험을 뇌에 지속적으로 각인시키면 자연스럽게 돈이 모이는 행동 패턴이 형성된다.

어떤 사람과 교류해야 스스로 더 좋은 성과를 낼 수 있는지 뇌가 자동으로 선택할 수 있게 되는 것이다.

또 부자는 순수하게 '타인을 기쁘게 하는 일'에 기쁨을 느끼며 그런 일에 기꺼이 돈을 쓴다.

그런 행동은 자신에게도 '감동 체험'으로 이어진다. 이런 습관을 들인다면 분명 최고의 인간관계를 형성할 수 있을 것이다.

예를 들어 직장 상사가 부하 직원을 식사 자리에 초대해 한턱냈다고 하자. 이때 상사가 '내가 이만큼 돈을 썼으니 당연히 내 말을 잘 들어야 한다'라며 보답을 바란다면, 이 상사는 결코 부하 직원에게 신뢰받는 리더가 되지 못할 것이다.

반면 '직원들이 좋아하니 나도 기쁘다' 또는 '직원이 나를 믿고 의논해 줘서 고맙다' 하며 자신의 감동 체험 자체에 만족하는 사람이라면 폭넓은 인간관계를 형성할 수 있다(미국 미시건대학교 연구팀이 70세 이상의 장수 부부들을 대상으로 장수 요인을 조사한 결과에 따르면, 그들에게는 정기적으로 주위에 가족이 없는 사람이나 스스로 몸을 가누기 힘든 사람을 도왔다는 공통점이 있었다고 한다. 한편 하버드대학교에서는 수백 명의 학생을 두 그룹으로 나눈 후, 각각 한 달씩 A 그룹은 대가 없이 남을 돕도록 하고, B 그룹은 돈을 받고 일하도록 했다. 그러자 1개월 후 A 그룹에 소속된 학생들은 타액 속 바이러스와 싸우는 면역 항체의 수치가 월등히 높아졌고, B 그룹에서는 그러한 변화가 보이지 않았다. 또 영국의 대표적 장수 지역인 서섹스에서 조사한 결과도 동일하다. 주기적으로 봉사 활동을 한 노인들의 뇌에서 도파민 분비가 많이 이뤄졌다는 것이다.

이처럼 우리가 누군가를 돕게 되면 며칠 혹은 몇 주에 걸쳐 '심리적 포만감'을 느낄 뿐 아니라 뇌 안에서 '행복 호르몬'인 엔도르핀endorphin의 분비가 정상치의 세 배까지 올라간다. 말하자면 행복감이 수직으로 상승하는 것인데 이렇게 누군가에게 도움을 주며 행복감을 느끼는 것을 헬퍼스하이helper's high라고 부른다. 구체적으로 말하자면 봉사 활동을 할 때 혈압이나 콜레스테롤 수치가 낮아져 면역력이 높아지고, 불면증이나 통증 치료 효과에도 도움이 된다. 또 친밀감과 유대감을 높이는 호르몬인 옥시토신의 분비가 증가해 다른 사람들과 우호적인 관계를 맺을 가능성도 높아진다—감수자).

감동 체험은 뇌를 기쁘게 하고 성장시키는 방식이다.
==똑같은 일에 돈을 쓰더라도, 얼마나 많은 감동 체험을 뇌에 제공하느냐에 따라 개인의 성장 정도가 달라진다는 사실을 꼭 기억하라.==

이처럼 부자들이 인간관계에 쓰는 돈은 단순한 지출이 아니다.

자기 뇌에 감동 체험을 제공하여 개인적 성장을 촉진하는 투자 요소로 볼 수 있다.

부자 뇌를 만들자!

감동 체험을 위한 인맥을 만드는 데 의식적으로 돈을 투자하자!

부자의 주변에
부자가 많은 이유

왜 부자의 주변에는 부자가 모일까?

부자가 되면 자연스레 자신의 호기심과 향상심을 충족시킬 수 있는 인간관계를 형성하는 데 시간과 에너지를 투자하게 되기 때문이다.

다시 말해 부자가 됨으로써 인생의 선택지가 늘어나는 것이다.

돈이 있어야 인간관계 형성의 기회가 늘어난다는 것은 당연한 사실이다. 그러나 이를 위해서는 '돈은 인간관계에 쓰는 것'이라는 전제가 있어야 한다.

부자가 되었어도 돈을 모으고 예금 잔고가 늘어나는 것에만 기쁨을 느낀다면 이런 발상을 하지 못한다.

반면 지금은 부자가 아니라서 절약하면서 살지만, **'돈은 인간관계에 쓰는 것'이라는 의식을 가진 사람은 부자가 될 자질이 있으며 풍요로운 삶을 이룰 가능성이 크다.**

출장으로 비행기를 이용할 때 일등석을 예약해 줄만큼 자금에 여유가 있는 회사는 드물 것이다. 고속철도를 이용하더라도 마찬가지다.

그럼에도 부자의 뇌를 가진 사람이 일등석을 선호하는 이유는 단순히 경제적 여유 때문만은 아니다.

쾌적한 공간과 양질의 서비스가 제공되는 점도 주요 요인이지만, 더 큰 이유는 그들이 '사람과의 만남'을 중시하기 때문이다.

비행기나 공연장의 일등석은 주로 비즈니스에서 성공한 사람들이 이용하는 공간이다. 이곳에서 다른 승객이나 관람객과 대화를 나누고 새로운 인연을 맺는다면, 이것은 금전적 가치를 넘어서는 귀중한 기회가 될 수 있다.

물론 상당한 지출이 따르겠지만, 이렇게 발상을 전환할 수 있는 사람이 부자가 되는 인맥의 네트워크를 구축할 수 있다.

나 또한 평소 돈은 절약해도 인간관계는 절약해선 안 된다는 지론을 가지고 있다.

이 원칙은 누구에게나 적용할 수 있어서, 평소 아무리 절약을 해도 인간관계에는 과감하게 지출하는지를 보는 것이다.

사람과의 관계에 인색하면 그 사람이 얻을 게 분명했을 기회와 행복까지 감소하기 때문이다.

결과적으로 약간의 절약은 할 수 있겠지만, 그 몇 배의 돈이 들어올지도 모를 미래의 기회를 놓치게 된다.

"어차피 나는 그런 인간관계를 만들 수 없어."라며 포기하지 말자.

사람과 사람의 만남에는 적극적인 태도로 임해야 한다. 가만히 앉아서 기다린다고 상대방이 나를 찾아와 주지 않는다.

또 가치 있는 인간관계를 구축하기 위해서는 평소 뇌를 강화하는 학습에 힘써야 한다.

말하자면 '어떤 행동을 한다' → '즐거운 만남을 경험한다' → '뇌에서 도파민이 분비된다' → '더 많은 만남을 원하게 된다' 식의 긍정적 순환을 반복하는 과정을 끊임없이 추구해야 한다.

이를 위한 첫걸음으로, 용기를 내어 더 많은 사람과 소통하려고 노력해 보면 어떨까(사람마다 지문이나 홍채가 모두 다르듯, 우리 뇌를 이루고 있는 신경구조와 신경회로의 구성도 다르다. 따라서 두뇌의 작동 방식도 사람마다 다르다. 사다리 타기 게임을 하기 위해 여러 사람에게 각자 사다리 그림을 그리도록 했을 때 같은 모양이 하나도 나올 수 없는 이유가 바로 모든 사람의 두뇌가 다르게 움직이기 때문이다.

흥미롭게도 사람 간의 사회적 관계가 가까우면 가까울수록 뇌의 활동 방식이 유사하다. 다시 말해 뇌 안의 신경회로나 작동 방식이 비슷할수록 상호 간 대화가 잘 통하고, 가까운 사이가 될 가능성이 높다. 가장 친한 친구와 죽이 척척 맞는 이유도 두뇌의 작동 방식이 비슷하기 때문이다. 반대로 두뇌의 신경회로나 작동 방식이 크게 다를 경우, 관계에서 친밀감이 형성되지 않는다. 대학이나 회사에서 여러 해를 같이 보냈음에도 졸업 혹은 퇴사 후에는 단 한 번도 만나지 않게 되는 사람이 있다면 이는 상호 간 뇌의 작동 방식이 완전히 다른 데서 오는 영향일 것이다.

누군가와 좋은 관계를 맺기 위해서는 우선 사람들을 만날 기회가 많아야 한다. 다양한 모임을 통해 사람들을 만나고 대화를 나누다 보면 내 두뇌와 작동 방식이 비슷한 사람을 만날 수 있게 되고, 그 관계를 통해 즐거움을 누릴 수 있다. 기본적으로 내가 관심 있는 모임에 참여하므로 그 자리에서 만난 사람들은 대체로 나와 비슷한 방식으로 작동하는 두뇌를 가지고 있을 가능성이 크다. 자연히 상호 간 소통이 잘 이루어지고 공감할 수 있는 내용들이 많아서, 시간이 지날수록 사회적으로 가까운 관계가 될 가능성이 높다. 다른 모임에서 만난 사람들에 비해 같은 취미를 가진 동호회 사람들이 쉽게 친해지는 것이 이를 설명해 준다—감수자).

부자나 성공한 사람도 처음부터 그런 위치에 있었던 것은 아니다.
주어진 기회와 인맥을 효과적으로 활용했는지 그렇지 못했는지의 차이일 뿐이다.

부자 뇌를 만들자!

주어진 기회와 인맥을 부의 선순환을 만드는 과정에서 효과적으로 활용해야 한다.

부를 부르는 사람은
저절로 찾아오지 않는다

아무리 뛰어난 능력과 재능을 지녔다 해도 좋은 인간관계를 맺지 못하는 사람은 결국 소외되고 만다.

즉 비즈니스에서 성공해 부자가 되기 위해서는 사람과 사람 사이의 감정이 얽힌 가장 어려운 인간관계부터 시작해야 한다.

그렇다면 인간관계는 스스로 선택할 수 없는 운명적인 요소일까?

일반적으로 직장인들은 직업과 회사는 자유의지로 선택할 수 있어도 인간관계는 그렇지 않다고 생각한다.

물론 직장 상사와 선배, 동료를 자기 의지대로 선택할 수 없는 것도 사실이다.

특히 자신에게 가장 큰 영향을 미치는 직속 상사는 운명적인 요소가 크다. 운 좋게 좋은 상사를 만나면 발전할 수 있을 것이고, 운 나쁘게 자신과 맞지 않는 상사를 만나면 인내의 나날이 계속될 것이다.

이것은 나의 힘으로는 어쩔 수 없다.

부자의 뇌를 가진 사람들은 모두 좋은 인간관계를 구축하고 있다.

이는 단 한 사람도 예외 없이 좋은 인간관계를 바탕으로 성공했다는 뜻이다. 그렇다면 그들은 운명적인 만남을 우연히 찾은 것일까?

그렇지 않다. 그들은 운명적인 만남을 수동적으로 기다리지 않고 스스로 가치 있는 만남의 운명을 끌어당긴 것이다.

하지만 많은 사람과 억지로 친분을 유지하려다가 오히려 관계에 균열이 생기는 경우가 있다. 이런 상황에 직면하면 인간관계를 쌓는 일에 의문을 품게 되기도 한다.

더욱이, 아는 사람들과 시간을 무조건적으로 공유하면 정작 개인의 시간은 점점 줄어든다. 특히 싫어하는 사람과 시간을 공유하면 뇌가 스트레스를 받는다. 즉 모든 사람과 친하게 지내는 것은 그다지 좋은 방법이 아니다.

결국 부자들의 인간관계를 깊이 배우다 보면 한 가지 중요한 점을 깨닫게 된다.

<u>바로 '사람을 가려서 만난다'라는 것이다.</u>

말하자면 자기 성장을 위한 인간관계 구축에 초점을 맞춰 내게 도움이 되는 사람과 교류한다는 뜻이다. 매일 즐겁게 일상을 보내는 사람, 성공한 사람과 함께 있으면 당신도 그런 사람이 될 수 있다(도널드 트럼프와 같이 크게 성공한 사람들의 상당수는 스스로를 소중하고 가치 있는 존재라고 여기는 경향이 있다. 스스로 가치 없는 존재라 여기고 귀하게 여기지 않는 사람이 성공한 삶을 산다는 것은 어불성설이니 당연한 말일 수도 있다. 나 자신을 귀한 사람이라고 여기면 뇌가 그 인식에 동조해 좋은 호르몬의 분비를 왕성하게 만들고, 그에 따라 심신에 활력이 생기며 동기 부여가 더 잘 된다.

자세히 말해서, 옥시토신 분비가 늘어나 만족과 안정감이 커지는 반면, 스트레스 호르몬인 코르티솔cortisol에 대한 저항력을 높여 부정적인 감정에 쉽게 빠지지 않도록 돕는다. 또 테스토스테론의 분비로 자신감이 늘어나고 추진력과 실행력이 높아진다. 도파민과 세로토닌 분비도 늘어나 긍정적인 사고를 하게 되어, 삶을 더욱 활력적으로 살 수 있다. 당연히 자신이 가진 역량과 능력, 이뤄 낼 성과와 원하는 미래에 대해서도 강한 확신을 갖는다. 결국 자신을 소중하고 가치 있는 존재로 여기는 태도는 자존감과 자신감의 바탕이 되어 긍정적인 사고와 적극적인 태도를 이끌어 내고, 주위에 좋은 사람들을 끌어당기는 자석이 된다.

이와 반대로 자신을 가치 없는 존재, 쓸모가 부족한 잉여 인간으로 생각하는 사람은 만성적인 스트레스 호르몬에 시달리며 부정적인 사고에 빠져 있는 시간이 많다. 자존감이나 자신감은 바닥을 치고, 삶은 마치 시든 채소처럼 흐물거리기 일쑤다. 스스로 이런 인식을 가진 것뿐 아니라 비슷한 사람들과 만나게 되면 정신적 에너지, 감정적 에너지의 소모가 심해져 쉽게 피곤해진다. '근묵자흑 근주자적近墨者黑 近朱者赤.' 먹을 가까이하는 사람은 검어지고, 붉은 물감을 가까이하면 붉어진다는 말처럼 사람은 끼리끼리 어울리게 마련이다. 사람이 성공하기 위해서는 혼자만의 힘으로는 어렵다. 자신을 이끌어 주고 도와 줄 수 있는 사람들이 주변에 있어야 하며 자기 자신을 소중하고 가치 있게 여기는 사람들은 그에 걸맞은 사람들과 네트워크를 만든다. 반면 자기 자신을 소중하게 여기지 못하고 가치 있다고 여기지 못하는 사람들은 비슷한 수준의 사람만 만난다. 가치 있고 도움이 되는 만남보다는 유흥이나 오락 등 가벼우면서도 소모적인 만남에 집착한다. 사람을 가려서 만난다는 말이 좋지 않은 뉘앙스로 느껴질 수 있지만 부자의 뇌를 갖기 위해서는 사람을 가려 만나는 것이 반드시 필요하다―감수자).

즉 어떤 사람과 교류하는지에 따라 당신이 어떤 사람이 되는지가 결정된다.

뒤집어 말하면 인간관계에 따라 당신은 부정적인 사람이 될 수도 있다. 만사를 시큰둥하게 생각하고 부정적인 생각만 하는 사람과 어울리면 당신도 그런 사람이 된다.

따라서 사람을 가려서 만나는 것은 매우 중요하다.

부자 뇌를 만들자!

운명적인 만남을 수동적으로 기다리지 말고, 가치 있는 인간관계를 스스로 끌어당겨라!

인생의 승자 편에 서는 사람은 '이것'이 다르다

부자와 성공한 사람에게 공통으로 나타나는 특징 중 하나는 뛰어난 의사소통 능력이다.

많은 사람이 좋은 인간관계를 고민한다. 사람에게 호감을 주는 의사소통을 하려면 어떻게 해야 할까? 인간은 자기를 이해해 주는 사람에게 호감을 느낀다. 즉 부자들이 타인을 끌어당기는 매력을 가진 이유는 '상대방을 이해하는 능력'이 뛰어나기 때문이다. 그렇다면 상대방을 이해하기만 하면 의사소통 능력이 발전할까?

인간관계에 어려움을 겪는 사람은 상대방에 대한 지식은 충분히 갖추고 있지만 그 지식을 활용해 행동으로 옮기지 않는다는 공통점이 있다.

소통은 머릿속에서 이루어지지 않는다. 아무리 머리로는 잘 알고 있어도 실제로 행동하지 않으면 전달되지 않는다.

부자가 되지 못하거나 성공하지 못하는 사람은 상대가 기뻐할 일을 기꺼이 해 주지 않는 경향이 있다. 배려나 성의를 보여야 하는 자리에서 '상대는 해 주지 않는데 왜 나만 해야 하는가?' 하고 불만스럽게 생각하기 때문이다. 반대로 말하면, 상대가 원하는 것을 줄 수 있다면 인간관계는 자연스럽게 개선된다. 이런 능력을 갖춘 이들이 바로 부자의 뇌를 가진 사람이다.

그들은 항상 먼저 소통을 시도하거나 소통을 위해 적극적으로 행동하는 '선제적 소통'의 달인이다. 이를 통해 상대를 자신의 방식으로 이끌어 간다.

인간관계의 원칙은 '먼저 베푸는 것'이다. 이 원리를 깨달은 사람이 인생의 승자 편에 설 수 있다. 이런 선제적 소통 능력의 소유자는 사람을 대할 때 자연스럽고 밝게 행동하고 자신감이 넘친다. 또 자의식 과잉에 빠지지 않고 성공을 향해 나아간다.

선제적 소통을 실천하기는 어렵지 않다. **항상 긍정적인 말을 의식적으로 입에 담고, 상대방의 장점을 찾으려 노력하는**

게 첫 번째다(심리학자나 신경과학자는 원만한 인간관계를 위해 '마음 이론Theory of Mind'과 공감 능력을 강조한다. 마음 이론은 상대방의 입장에서 어떻게 생각하는가를 헤아릴 수 있는 역량이고, 공감은 상대방이 느끼는 감정을 자기 내면에서 같이 느끼는 것을 말한다. 사람의 뇌 안에는 '거울뉴런mirror neuron'이라는 것이 존재하는데 이 신경세포의 영향으로 상대방의 마음을 헤아릴 수 있는 역량이 생겨난다. 이런 역량이 뛰어날수록 상대의 입장에서 생각하고 느낄 수 있으므로 상대에 대한 배려가 높아질 수 있다. 따라서 좋은 인간관계를 유지하기 위해서는 마음 이론과 공감 역량이 필수적이다.

단, 이것만으로는 충분하지 않다. 사람들과 원만한 관계를 넘어 우호적인 관계를 유지하기 위해서는 '감정의 뇌'에 말을 걸어서는 안 된다. 감정의 뇌란 '희노애락애오욕' 같은 다양한 감정을 느끼는 두뇌 부위를 말한다. 각종 호르몬 분비로 감정 상태를 조절하는 부위이기도 하다. 이 부위가 지나치게 활성화되면 이성보다는 감정에 따라 사고하고 행동하게 된다. 긍정적인 말이나 칭찬은 상대의 자존감이나 지위감을 높여서 상대방으로 하여금 최고의 이성을 발휘하도록 만든다. 반면 부정적인 말이나 비난은 상대의 자존감과 지위감을 깎아내린다. 당연히 이성적인 사고 대신 감정이 앞서도록 만든다. '널 위해서 하는 말인데' 같은 조언이나 충고, 지적, 일방적인 비난 등은 상대로 하여금 감정의 뇌가 활성화되도록 만든다. 상대방에게 말을 많이 하게 함으로써 그 사람을 대화의 주인공으로 만들어 주면 상대방은 배려받고 있다고 느낀다. 그 상태에서 상대방의 자존감과 지위감을 높여 주는 말을 사용하면 관계는 더욱 좋아질 수 있다—감수자).

부자들은 항상 의식적으로 타인의 좋은 점을 찾으려 하기 때문에 사람들의 숨겨진 장점을 발견하는 경우가 많다. 객관적으로 사물을 바라보고 상대방을 존중하기에 가능한 일이다.

상대방을 존중하는 태도는 자연스럽게 상대방의 존중을 이끌어 낸다. 즉 서로를 인정하는 과정에서 인간관계가 개선되며 주위의 신뢰와 인정으로 이어진다. 그 결과, 더 많은 기회를 얻고, 더 큰 책임을 맡게 되면서 '인생에서 성공한 사람'으로서 살게 되는 것이다.

부자 뇌를 만들자!

부자들은 항상 의식적으로 상대방의 좋은 점을 찾으려 한다.

감수자 칼럼

부자들이 레버리지를 공부하는 이유

부자의 뇌를 가진 사람은 레버리지leverage 효과를 잘 활용한다. 레버리지는 지렛대를 뜻하는 말로, 경제 분야에서는 '타인의 자본을 지렛대로 삼아 자기 자본의 이익률을 높이는 일'을 가리켜 레버리지 효과라고 부른다. 기업을 운영하는 CEO 중에 자기 자본만 가지고 사업하는 사람은 없다. 부동산 등에 투자하는 경우에도 대부분 자기 돈만 가지고 뛰어드는 사람은 없다. 타인의 자본을 빌려 사업을 하거나 투자를 할수록 금전적으로 더욱 큰 수익 효과를 얻을 수 있기 때문이다.

지렛대의 원리를 생각해 보자. 지렛대는 아주 적은 힘으로도 큰 물건을 옮길 수 있게 돕는다. 지렛대가 있으면 무슨 일이든 수월하게 할 수 있고 가능성이 희박해 보이는 일도 실현할 수 있다. 하지만 지렛대가 없으면 몸으로 때우거나 고생은 고생대로 하면서 성과는 나지 않을 수 있다. 부자가 쉽게 돈을 벌 수 있는 이유 중 하나는 지렛대를 잘 활용하기 때문인데 인간관계에 투자를 아끼지 않는 이유 중 하나도 지렛대 효과 때문이다.

장사가 잘되지 않는 식당들을 찾아가 문제를 진단하고 해결해 주는 「골목식당」이라는 TV 프로그램을 보면, 열심히 노력하는데도 손님이 없어 매출이 오르지 않는 고민을 가진 식당 주인들이 등장한다. 혼자서 많은 노력을 쏟아부으며 장사가 잘되도록 애를 써도 그들의 상황은 좀처럼 나아지지 않는다. 이때 성공한 외식기업 CEO이자 골목식당 전문가가 상황을 관찰해서 문제점을 발견하고 또 해결 방법까지 알려 주면 식당의 상황은 순식간에 달라진다. 아무리 끙끙대며 고민하고 고생해도 해결되지 않던 문제가 전문가 한 사람의 등장으로 한순간에 해결되는 것이다. 이 TV 프로그램과 전문가는 식당 사장에게 지렛대가 된다. 자신의 힘만으로는 불가능한 일을 해결하는 데 각각의 자본(지식)으로 도와줬기 때문이다.

가난한 사람들은 지렛대가 없거나 지렛대를 쓸 줄 모른다. 사업을 해도 자신이 가진 돈만으로 해야 하고, 어떤 문제에 맞닥뜨렸을 때도 혼자 해결하려고 한다. 하지만 자신의 힘만으로는 한계가 있기 마련이다. 힘이 들 수밖에 없다. 그러나 부자의 뇌를 가진 사람의 생각은 다르다. 자신이 가지지 못한 것은 외부에 있다고 생각한다. 즉 나에게 없으면 주변에서 찾는다. 그것이 돈이라면 다른 사람에게 빌리거나 은행에서 대출받고, 지식이라면 전문가의 도움을 이용한다. 당연히 주변에 사람이 많을수록 지렛대로 활용할 수 있는 기회도 많아지는 셈이다. 그러므로 폭넓은 분야에 걸쳐 다양한 전문 분야와 관심사를 가진 사람들과 더 많이 교류할수록 좋은 아이디어를 얻기가 쉬워지고, 의사결정의 질을 높일 수 있다. 더욱 강력한 지렛대를 가질 수 있는 것이다.

한편 주위에 생각이 비슷한 사람만 치중되면 편향된 사고나 신념, 가치관 등이 더욱 증폭되고 확증 편향에 의해 잘못된 의사결정을 내리기 쉬워진다. 부자의 뇌를 가진 사람들이 인간관계의 폭을 넓히는 데 투자를 많이 하는 이유도 다양한 사람을 통해 판단의 질을 높일 수 있는 레버리지 효과를 얻기 위함이고, 이것이 더욱 많은 부를 창출하는 데도 도움이 되기 때문이다.

The Brain of the RICH

5장

★★★★★

부자의 뇌를 만드는 7가지 습관

흔들리지 않는 돈의 감각을 가져라
성공한 사람들이 직감을 단련하는 이유
부자들의 성공 가능성은 100퍼센트?
인생 경영에는 여러 선택지가 필수다
투자에 타고난 DNA는 따로 없다
부자는 진심과 전략을 겸비한다
경험하고, 감각을 쌓고, 원칙을 세워라
감수자 칼럼 | 부자들이 좋은 의사 결정을 하는 이유

흔들리지 않는
돈의 감각을 가져라

TV나 신문에서는 종종 그럴듯한 투자 권유에 속아 넘어가 얼마 없는 돈을 날린 사례를 볼 수 있다.

사실 돈이 많은 사람, 즉 부자의 뇌를 가진 사람일수록 투자에 매우 신중하다.

아무리 돈을 많이 벌 것 같은 솔깃한 투자 제안이라도 확고한 자기 기준을 가지고 판단하기 때문에 잘 속아 넘어가지 않는다.

부자에 대한 각종 사례와 연구 데이터로 알 수 있는 사실은, 그들이 '수입과 지출에 대한 확실한 기준을 가지고 있다'라

는 것이다.

일반인들은 부자에 대해 '수도에서 물을 쓰듯 돈을 물 쓰듯 쓴다'라는 인식을 가지고 있지만, 실제로 부자의 다수는 오히려 지갑을 꽉 닫고 쉽게 돈을 쓰지 않는다. 그러나 써야 할 때는 아낌없이 투자하는 결단을 한다.

돈 쓰는 위험을 감수하거나 그것을 절제하는 데 있어 자신만의 명확한 기준을 가지고 지출의 강약을 조절한다.

이처럼 어떤 일에 정말로 돈을 쓸 가치가 있는지 없는지를 확실하게 판별할 수 있다는 것은 뇌의 위험 요소 평가 능력이 발달했다는 증거다. 이 능력은 많은 부자에게서 공통으로 볼 수 있다.

그렇다면 부자의 지출 판단 뒤에는 어떤 원리가 숨어 있을까?

바로 지출을 결정할 때, 상대방을 자세히 관찰한다는 것이다.

부자의 뇌를 가진 사람은 대부분 탄탄한 인간관계를 가졌다. 더 나아가 그 관계는 신뢰로 이어져 있다.

그들은 뛰어난 통찰력으로 '이 사람은 믿을 만하다' 또는 '이 사람이 이렇게 말하니 괜찮을 것이다'라고 상대방을 파악

하며, 돈을 쓸지 말지에 대해서도 명확한 기준을 가지고 판단한다.

이것은 과학자들의 세계에서도 마찬가지다. 예를 들어, 특정 연구실의 데이터는 신뢰할 수 있지만, 다른 연구실의 데이터는 의구심을 불러일으킬 때가 있다. 이런 상황에서 어떤 데이터를 신뢰할지 결정하는 것은 상당한 위험을 수반하는 어려운 과제다.

무턱대고 바다에 뛰어들면 익사할 수 있다. 그 위험 요소를 피하려면 안전한 곳에서 수영 연습을 한 후 바다에 가야 한다.

돈도 그렇다. 위험에 대처하는 뇌의 감각을 사용해야 한다.

성공한 사업가와 경영자들은 지금까지 대체로 옳은 결정을 내려 왔고, 그 결과로 성공해서 부자가 되는 과정을 밟았다.

그들을 수식하는 가장 적절한 표현은 '부화뇌동하지 않는다'라는 말이다.

투자와 경영 판단에서 실패하는 사람은 단기적 판단으로 행동하는 경향이 있다. 하지만 부자나 성공한 사람들은 기본적으로 쉽사리 움직이지 않는다. 그러나 필요한 순간에는 행동한다(인간은 사회적 동물이다. 사회로부터 버림받으면 사는 게 힘들어질 수 있기에 좋든 싫든 다른 사람과 부대끼며 살아가야 한다. 그래서 우리는 다른 사람들 시선을 의식하지 않을 수 없는데 간혹 다른 사람들의 선택이 자신의 선택에 영향을 미치기도 한다. 심리학자 솔로몬 아시 Solomon Asch는 한 연구 실험을 수행하며 사람들을 모아 놓고 세 개의 직선을 보여 주며 제일 긴 선을 고르라고 했다. 이 실험에서 진짜 피실험자는 딱 한 사람뿐이고, 나머지 사람은 모두 사전에 아시의 지령을 받은 참가자들이었다. 사실 주어진 세 개의 직선은 누가 봐도 의심할 것 없이 길이의 차이가 확연했다. 하지만 연구팀과 공모한 참가자들이 엉뚱한 직선을 선택하자 피실험자는 사실이 아니라고 생각하면서도 다른 사람이 내놓은 답을 선택했다. 그런 식으로 진행된 100번의 실험 중 75명의 피실험자가 자신이 속으로 생각하는 것과 다른 답을 골랐다. 알면서도 일부러 틀린 답을 고른 것인데 그 이유는 굳이 파문을 일으키고 싶지 않기 때문이었다. 다른 사람이 모두 옳다고 하는데 혼자만 다른 것을 선택해서 이상한 사람 취급을 받고 싶지 않았던 것이다. 사회적 관계를 중요시하는 우리 뇌의 특성이 다른 사람들과 다른 의견을 선택하지 못하게 압력을 가하는 요인이 된 셈이다.

이런 사실을 보면 다른 사람의 말에 흔들리지 않고 자신만의 기준에 따라 사고하고 판단한다는 것이 말처럼 쉽지 않다는 것을 알 수 있다. 하지만 부자의 뇌를 가진 사람들은 자신만의 판단 기준이 명확하며 어쩔 수 없는 상황이 아니고서는 예외를 만들려고 하지 않는 특징을 가지고 있다. 예외를 허용하게 되면 자신의 기준에서 벗어나는 일이 생길 때마다 그 일을 해결하기 위해 정신적 에너지를 소모해야 하기 때문이다. 예외가 많아지면 그때마다 의사결정을 내려야 하고 정작 중요한 의사결정에 소모할 두뇌 에너지는 줄어들 수밖에 없다. 의사결정에 대한 피로감이 쌓이고 의지력이 소진되는 것이다. 게다가 한 번의 예외가 만들어지는 순간 습관의 신경회로가 형성되어 다른 유사한 상황에서도 손쉽게 예외를 만들게 되고, 결국 기준이 없는 상황이나 다를 바 없게 된다. 부자의 뇌를 가진 사람은 경험적으로 이 사실을 잘 알고 있으며 따라서 자신만의 기준을 가지고 소비하는 습관을 가지고 있다―감수자).

마치 사냥하는 호랑이나 사자가 먹잇감을 명확히 잡을 수 있을 때 뛰어드는 것처럼 말이다.

부자 뇌를 만들자!

돈을 쓸 때 자신만의 명확한 기준을 가지고 지출의 강약을 조절하라!

성공한 사람들이
직감을 단련하는 이유

구글의 전 CEO 에릭 슈밋을 만나 직접 인터뷰할 기회가 있었다. 그때 그에게서 매우 흥미로운 이야기를 들었다.

슈밋은 기본적으로 CEO가 할 일은 '다른 사람의 이야기를 경청하는 것'이라고 했다.

먼저 상대의 이야기를 주의 깊게 듣고 정보를 수집하다가 '이거다!'라는 확신이 드는 순간 즉시 의사결정을 내려야 한다는 것이다.

이러한 도량을 갖추는 것은 매우 어려울 수 있지만, 결단이라는 것은 크든 작든 우리가 매일 마주하는 과제다.

올바른 판단을 하기 위해서는 '직감'을 키워야 한다.

뇌과학 분야에서는 이를 '거트필링Gut Feeling'이라고 한다. '거트gut'는 '내장'을 의미하며, 이 용어는 직감을 '내장이 감지하는 듯한 감각'이라고 설명하는 것이다.

우리가 하는 의사결정 과정은 뇌의 통제로 이루어지지만, 실제로는 '육감'이라는 직관적 신호에 큰 영향을 받는다.

육감은 '어쩐지 그럴 것 같다'라는 느낌으로 표현되고, 뇌는 이 신호를 받아들여 의사결정을 한다. 육감은 신비한 능력이 아니다. 우리 몸에서 발생하는 내장 감각을 인식하고 해석하는 능력이다.

여러 번의 도전과 실패를 거듭하며 시행착오를 겪으면서 직감을 단련시키면, 고도의 판단과 의사결정을 할 수 있게 된다(인간은 이성적인 존재이므로 의사결정을 내릴 때 감정을 개입하지 않을 것 같지만 실제로 많은 의사결정 과정에서 감정을 활용한다. 유명 신경과학자 안토니오 다마지오Antonio Damasio는 '인간이 논리적이라고 생각하는 결정에서조차 감정이 암암리에 중요한 역할을 수행한다'라고 주장한다. 과거의 경험을 통해 부정적인 느낌이 잠재의식에 스며들고, 신체에 미세한 화학 변화를 불러온다. 이런 변화를 '신체 표지 가설Somatic marker hypothesis'이라고 하는데 큰돈을 벌거나 잃는 등의 극단적인 상황에서는 이를 인지하지만 대부분의 경우 이를 인식하지 못한다고 한다. 결국 의사결정은 무의식중에 감정의 지배를 받게 되는데, 흔한 예로 우리가 점심이나 저녁에 먹고 싶어 하는 음식은 이성이 아닌 감정이 내린 판단 결과다. 옷을 사거나 신발을 살 때 같은 사소한 일은 물론, 배우자를 고를 때와 같이 중차대한 일조차 이성보다는 감정에 끌리는 경우가 많다. 그래서 감정을 잘 헤아리지 못하는 사람들은 의사결정 능력이 떨어진다.

이렇게 축적된 감정이 발현했을 때 우리는 이상하게 싫은 느낌이 들면 무언가를 거부하게 되고, 묘하게 끌리는 느낌이 들면 수용하게 된다. 이런 결정이 지식과 결합해 경험이 쌓이게 되면 직감으로 발전될 수 있다. 실제로 전문가의 반열에 오를수록 직감에 따른 판단이 맞아 들어가는 경우가 많아지는데, 노벨상 수상자 중 80퍼센트 이상이 '직감에 따라 문제를 해결했다'라고 말한다.

한 가지 더 이야기하자면, 직감에 관여하는 두뇌 부위 중 하나는 아주 깊숙한 곳에 숨겨진 뇌섬엽insular lobe이다. 이 부위의 기능이 발달한 사람들은 사진 속 인물만 봐도 그가 진실한 사람인지, 거짓된 사람인지 분별할 수 있는데 나이가 들어 뇌섬엽이 노화되면 그러한 능력도 저하된다. 나이 든 사람이 쉽게 사기를 당하는 이유도 이 때문이다—감수자).

지각심리학에 '행동유도성 이론Affordance Theory'이라는 개념이 있다.

의사결정에 있어, 주변 환경이 우리의 지각, 인지, 행동에 주는 영향을 설명하는 이론이다.

예를 들어, 어릴 때는 강을 뛰어서 건널 수 있는지, 또는 작은 틈새를 통과할 수 있는지 없는지를 따져 보지 않고 행동했을 것이다. 그렇게 우리는 몸소 여러 번 실패하는 경험을 통해 다양한 것을 배운다.

지금껏 우리 뇌는 행동유도성 이론을 바탕으로 행동과 의사를 결정했다.

투자 결정을 할 때도 '이건 될 것 같다' '이건 안 될 것 같다'라는 것을 뇌와 몸, 주변 환경을 고려해 통합적으로 판단한다. 이때 우리가 경험하는 것이 바로 거트필링이다.

미국 실리콘밸리에서는 회사를 한 번 파산시킨 사람이 오히려 더 많은 투자를 받을 수 있다는 이야기가 있다.

이것은 '넘어져서 실패한 경험이 있는 사람은 그로부터 무언가를 배운 사람이기 때문에 더 정확한 경영 판단을 할 수 있을 것'이라는 사고방식에 기인한다. 즉, 행동유도성 이론을 활용한 거트필링으로 결정을 내릴 수 있다는 것이다.

결국 넘어져 본 적이 없는 사람은 잘 달릴 수도 없다.

유도를 배울 때 낙법부터 시작하는 이유는, 내 몸이 상대방의 기술에 넘어갔을 때 대처법을 알고 있어야 잘 대응해서 겨룰 수 있기 때문이다.

부자 뇌를 만들자!

시행착오를 통해 직감을 단련시켜야 고도의 판단과 의사결정을 할 수 있다.

부자들의 성공 가능성은 100퍼센트?

세계적인 치킨 프렌차이즈 KFC의 창립자 커널 샌더스가 60세 넘어서야 성공했다는 사실을 알고 있는가? 그는 그때까지 여러 번 실패했지만 시행착오 끝에 독자적 레시피를 만들어서 계속 도전했다.

처음에는 아무도 상대해 주지 않았다. 무려 천 번 이상 거절당한 끝에 드디어 그 레시피를 채택해 줄 곳을 찾았고 거기서 대성공을 거두었다.

보통 사람이라면 진작에 포기했을 법한 일을 계속 추구하는 것도 부자의 뇌 사용법이라고 할 수 있다.

야구에서도 홈런 타자일수록 삼진이 많다고 한다. 헛스윙 하지 않는 사람은 홈런을 칠 수 없는 사람이라는 뜻이다.

비즈니스도 마찬가지다. 누구나 쉽게 생각해 낼 수 있는 아이디어라면 이미 다른 누군가가 하고 있을 가능성이 크다. 그래서는 부자가 될 수 없다.

<u>모두가 '그건 불가능해'라고 생각하는 위험을 기꺼이 감수해야 큰 이익을 얻을 수 있다.</u>

어린 시절에는 실패를 두려워하지 않고 도전하는 일이 자연스러운 일상이다.

아이들은 모든 것에 호기심이 넘치며, 실패를 염려하면서 행동하지 않기 때문이다. 그러나 어른이 되면서 지위와 경험이 쌓이면, 오히려 그것이 장애물이 되기도 한다.

내가 진행을 맡았던 NHK「프로페셔널 일의 방식」이라는 프로그램에 출연한 한 게스트의 발언이 나에게 깊은 인상을 줬다.

"제 일의 성공률은 100퍼센트입니다. 아무리 실패해도 반드시 성공할 때까지 해내니까요."

그런 의미에서 '넘어져도 다시 일어나 계속 나아간다'라는 근거 없는 자신감을 가진 사람은 진정 뛰어난 사람이라고 생각한다(뇌는 변화를 싫어하고 안정성과 일관성을 추구한다. 새로운 도전을 하기보다는 주어진 상황에 순응할 때 행복을 느끼도록 진화해 왔다. 뇌는 막대한 에너지 소모 기관이기 때문에 되도록 에너지 소모를 줄이려고 한다. 특정한 일을 반복적으로 수행해서 익숙해지면 우리 뇌는 자동조정방식 모드를 활용해 크게 힘들이지 않고 주어진 일을 처리한다. 에너지 소모는 줄이면서 효율은 올리는 것이다. 만일 현재 상태에서 변화가 생기게 되면 우리 뇌는 그 상태에 적응하기 위해 절대적인 노력과 시간을 필요로 하게 된다. 변화한 내용을 받아들일 수 있는 신경회로가 형성되어 있지 않아 새로운 신경회로를 만들어야 하기 때문이다. 또한 새로 생성된 신경회로가 안정적으로 유지될 수 있도록 하는 데도 시간이 필요하므로 달라진 변화를 인식했다고 해서 우리 뇌가 바로 적응하는 것도 아니다. 이 모든 일이 에너지를 소모하는 과정이므로 우리 뇌는 변화나 도전보다는 안정을 선호한다.

하지만 뇌가 최고의 기량을 발휘하는 순간은 안정적이고 익숙한 상태에 머물 때가 아니라 기존 능력으로는 수행하기에 조금 더 어렵다고 여기는 과제를 마주했을 때다. 그럴 때 우리 뇌는 각성 효과를 불러일으키는 신경전달물질인 노르에피네프린 norepinephrine을 분비해서 최고의 능력을 발휘할 수 있게 돕는다. 낯선 것에 대한 도전이 뇌를 활성화시키는 것이다. 변화와 도전을 싫어하는 뇌에 순응하게 되면 우리는 안정만 추구하며 늘 똑같은 방식으로 살아가게 되고, 힘들지만 도전을 통해 변화를 수용하도록 뇌를 설득하면 새로운 삶을 살아갈 수 있다—감수자).

부자 뇌를 만들자!

보통 사람은 진작에 포기하는 일을 끝까지 도전하는 것이 부자의 뇌 사용법이다.

인생 경영에는
여러 선택지가 필수다

경영 판단은 단지 경영자에게만 해당하는 일이 아니다. 누구나 자기 인생을 경영하는 경영자이기 때문이다. 예를 들어, 당신이 사는 집만 해도 인생의 경영 판단하에 결정된다. 집을 살 것인지, 임대할 것인지 혹은 주변 교통편이 좋은 곳을 우선할 것인지 같은 의사결정도 인생의 경영 판단이라고 할 수 있다. 즉 인생을 살면서 경영 판단을 내리지 않는 사람은 아무도 없다.

자녀의 교육 환경을 고려해 어느 학교에 보낼지 결정하는 것도 경영 판단이다.

평범한 직장인으로 살아가는 데는 경영 판단이 필요 없는 것처럼 보일 수 있지만, 그 회사를 선택해서 계속 일한다는 것 자체가 이미 인생에서 큰 경영 판단을 내린 것이다.

이것은 경제학에서 말하는 '기회비용'이라는 것으로, 그 회사에서 계속 일한다는 것은 다른 일을 할 수 있는 기회를 잃고 있다는 의미다.

학창 시절 미국과 캐나다를 처음 방문했을 때, 나는 장래를 생각하는 사고방식에서 큰 차이점을 느꼈다.

당시 북미에서 성장하고 공부한 학생들은 '만약 내가 이 일을 하지 않았다면 지금 무엇을 하고 있을까?' 또는 '지금 내가 무엇을 할 수 있을까?'라는 진로에 대한 대안을 항상 생각하고 있었다. 아마도 그들의 노동 환경과 고용 조건이 유동적이라는 사실도 이런 사고방식을 자리 잡게 한 이유였을 것이다.

잊지 말아야 할 사실은 인생의 경영 판단을 할 때는, 늘 선택지를 하나 더 가지고 있어야 한다는 점이다.

물론 각자 선택한 진로에서 경력을 키워 나가는 데 있어서 한 가지 방향에 집중하는 것도 중요하다. 어떠한 선택이든 각자 인생의 경영 판단에 따라 좋아하는 일을 하며 인생을 즐긴다면 그 자체로 가치 있을 것이다.

과거 많은 직장인이 종신 고용을 바랐지만, 이제는 상황이나 환경이 상당히 유동적으로 변했다.

이런 세상의 변화에 따라 '다음 직업으로는 무엇을 선택할까?' '더 좋은 일자리가 있을지도 모른다'라는 커리어 옵션을 가지고 계속 움직여야 돈도 함께 움직인다.

이런 흐름에서는 더 많은 선택지를 두고 고민하지 않고, 도전하지 않는 사람은 다소 뒤처진 느낌을 받게 된다. 그들은 '지금 하는 일이 속한 영역에서 계속 머물 것인가, 아니면 더 넓은 영역이나 다른 영역에 도전할 것인가?'를 머릿속에서만 고민하는 경향이 있다.

하지만 그 순간에도 빠르게 다른 선택지에 도전하는 사람이 많아지고 있다. 그들은 다양한 경험을 쌓으며 자연스럽게 인생의 경영 판단에서 위험 요소를 분산시키며, 어떠한 변화가 오든 준비된 상태로 현재의 일을 하고 있다는 느낌이 든다.

부자 뇌를 만들자!

인생의 경영 판단을 할 때는 선택지를 하나 더 가지고 있어야 한다.

투자에 타고난 DNA는 따로 없다

투자를 어려워하는 가난한 뇌를 쉽게 이해하기 위해 일본의 상황을 예로 살펴보겠다.

일본인들은 대체로 투자나 자산 운용을 그다지 미덕으로 여기지 않고 꺼리는 경향이 있다. 그러나 과거 16세기 전국시대에는 현대인들 못지않게 투자에 적극적으로 나섰다. 이는 무장들이 어느 장군을 따르느냐에 따라 자신과 가족의 생사가 결정되었기 때문이다. 이것이야말로 진정한 거대 투자라고 할 수 있다. 당시 '투자'가 성공하면 영지를 받거나 값비싼 다기를 받았는데, 다기를 영지와 교환하는 등 생존을 위해 그것을 운용했다.

전국시대에는 이처럼 투자와 그에 따른 수익이 명확했지만, 에도시대에 접어들자 사회가 점차 안정되면서 분위기도 달라졌다. 약 240년간 지속된 에도시대는 현대 일본인의 정신적 기초가 형성된 중요한 시기였다. 사농공상이라는 신분 제도가 확립되었고, 각 번藩의 통치 구조가 정착되어 지위를 계승할 인물이 정해졌으며, 재산은 장자 상속으로 자손들이 물려받는 구조가 굳어졌다.

그러다가 19세기 중반 메이지 유신 시기에는 조금 다른 유형의 사람들이 활약했다.

에도 막부 말기 지사들은 만사에 위험 요소를 감수하면서 도막倒幕 운동에 헌신해 막부를 무너뜨리고 정권을 중앙 정부에 이양하고자 위험을 감수했다. 이 과정에서 사쓰마薩摩와 조슈長州 사람들이 가장 큰 수혜를 입었다.

즉 일본인이 투자에 소극적인 것이 DNA 때문은 아니라는 뜻이다. 과거 모든 시대마다 적극적으로 큰 투자를 해 온 역사를 갖고 있다.

이런 사례에서 보듯, **부자와 성공한 사람은 항상 새로운 도전에 뇌를 사용한다.**

나도 부자들의 그러한 선택과 행동을 보면서 많은 것을 깨닫는다. 평범한 봉급생활자 가정에서 자란 나에게는 자기 영역에서 성공과 부를 일군 사람들의 세계가 신선하게 느껴지며, 때로는 '아, 그렇게 생각할 수도 있구나!' 하고 감탄한다.

대부분의 사람은 회사에 들어가서 안정적으로 일생을 보내는 것이 낫다고 여긴다. 여전히 좋은 학벌을 가지고 대기업에 취직하면 성공한 인생이라고 생각하는 경향이 있다. **이러한 사고방식에서 벗어나 그 길과는 다른 새로운 세계를 들여다보고 도전하면 부자의 뇌 사용법을 얼마든지 실천할 수 있다.**

이 또한 인생의 경영 판단 중 하나다. 하지만 사람들은 대체로 다른 가능성이 있다는 것 자체를 잘 인식하지 못한다.

이런 것들은 운전면허를 따는 것과 같아서 의지만 있다면 배울 수 있지만, 실제로 학습 기회가 제한적이다. 더욱이 이런 것들을 배울 수 있는 인맥을 찾기도 쉽지 않다.

그러나 역설적으로, 적절한 인맥이 있다면 이런 지식과 경험을 습득할 가능성이 열린다.

하지만 냉철하게 바라보면, 단지 규모만 다를 뿐 근본적으로는 모든 사람이 비슷한 의사결정 과정을 거친다고 할 수 있다.

가령, 결혼식에 얼마를 쓸 것인지, 회사 프로젝트를 할 때 이 일에 얼마를 투자할 것인지를 들 수 있겠다. 더 나아가, 연애 또한 남녀 모두에게 자신의 인생과 시간을 투자하는 중요한 결정이다.

뇌과학적으로 말하자면, 생물학적 진화 과정에 있는 대부분의 행위는 본질적으로 투자의 성격을 띤다.

돈을 투자하고, 시간을 쓰고, 학교에 가고, 일하고, 연애하고, 결혼해서 아이를 갖는 것이 모두 투자다.

즉 투자와 무관한 인생을 사는 사람은 이 세상에 없다.

부자 뇌를 만들자!

항상 새로운 도전에 뇌를 사용하라!

부자는 진심과 전략을 겸비한다

기업 이념으로서 흔히 '오직 고객을 위해'라는 문구를 내세우는 곳이 많다. 전 세계에서 통용되는 보편적인 가치이기 때문이다.

하지만 이를 실천하는 데는 진심만으로 부족하며 전략도 필요하다.

이 두 가지를 모두 가지고 있어야 돈을 벌 수 있다.

이런 의미에서 애플의 스티브 잡스에게는 '누구나 쓸 수 있는 개인용 컴퓨터를 보급하고 싶다' '사람들에게 만족스러운 경험을 제공하고 싶다'라는 진심이 있었다.

또한 잡스는 전략가이기도 했다. 예를 들어, 그는 '제품을 가장 단순화할 수 있는 방법을 총동원한다'라는 확실한 비전을 가지고 혁신적으로 사용자 친화적인 맥북과 아이폰을 개발했다. 또 제품 발표 전까지 비밀 관리를 철저히 해 정보가 절대 새어 나가지 않도록 함으로써 신제품을 최초로 소개할 때 모든 사람의 기대감이 최고조에 이르도록 만들었다.

그런데 뇌과학적 관점에서 보면, 진심을 내세울 때와 전략을 내세울 때 뇌는 완전히 다르게 작동한다. 이것이 뇌의 재미있는 점인데, 이를 이해하려면 동물의 세계를 떠올려 보는 게 좋다.

예를 들어, 포식자인 사자와 먹이가 되는 피식자 얼룩말의 관계는 '전략'에 해당한다. 즉 사자는 얼룩말을 먹이로 삼을 뿐 거기에는 당연히 '진심'이 없다.

또한 배고픈 새는 날아다니는 나비를 보고 '나비가 예쁘구나'라고 생각하지 않고, '저걸 잡아먹어야겠다'라고 생각한다. 그래서 나비는 잡히지 않도록 갖은 애를 쓴다. 거기에는 공감 관계가 존재하지 않는다.

즉 공감에 기댈 수 없는 상황에서 성립하는 것이 전략이다 (행동경제학이나 심리학에서는 인간의 사고를 '시스템1'과 '시스템2' 두

가지로 나누어 설명한다. 시스템1은 의식적인 처리를 거치지 않는 자동적이고 무의식적으로 이루어지는 사고를 말한다. 노력이 불필요하고 직관적이며 무척 빠르다. 반면에 시스템2는 의식적인 처리를 거친다. 많은 정보를 바탕으로 신중하게 분석하기 때문에 속도가 느리다. 이성적이고 합리적인 의사결정이 필요할 때 많이 쓴다. 상황에 따라 인간은 시스템1과 시스템2를 적절히 혼합해 활용한다. 긴급한 상황에서 빠른 판단을 내리기 위해서는 시스템1을 활용하고, 리스크가 큰 상황에서 신중한 결정이 필요할 때는 시스템2를 따른다.

   우리가 전략을 고민하는 것은 시스템2로 사고한다는 것을 의미한다. 전략이란 목표를 설정하고 나와 주변 환경을 분석해 취할 수 있는 여러 가지 경로를 탐색하고, 내가 가진 자원과 역량을 고려해서 가장 달성 가능성이 높거나 파급 효과가 높은 방법을 선택하는 것이기 때문이다. 이런 선택은 의도적이고 신중하며 오랜 시간을 통한 분석에 따라 이루어질 수밖에 없다. 반면 진심이라고 하는 것은 무언가 거짓이 포함되지 않은 것을 말한다. 거짓이나 변명이나 구실이 포함되지 않으려면 순수한 무의식의 세계에 존재해야 하며 직관에 의존해야 한다. 진심과 전략을 겸비해야 한다는 말은 돈을 벌기 위한 기본적인 마음가짐이나 행위는 거짓 없는 진심을 바탕으로 해야 하지만 그 위에 전략적으로 여러 가지 다양한 방법을 찾아서 실행해야 한다는 것을 의미하는 듯하다—감수자).

현대 사회에서는 공감대를 형성하기 어려운 사람이나 집단을 상대로 교류하고 소통하는 일을 피할 수 없다.

누구에게나 이러한 일이 쉬운 것은 아니므로 성공적으로 목적을 달성해서 돈을 벌기 위해서는 더욱 효과적인 소통 전략을 고민해야 한다.

부자 뇌를 만들자!

진심과 전략을 가지고 소통해야 돈을 벌 수 있다.

경험하고, 감각을 쌓고, 원칙을 세워라

저명한 실업가 시라스 지로白洲次郎의 삶은 탁월한 경영 판단 능력을 보여 주는 사례로 가득하다.

1940년경 일본이 전쟁에서 패배할 것을 예상하고, 오래된 농가를 구입해 일찍이 농사에 전념한 삶을 택한 것이 대표적예다.

또한 그는 생전에 '남에게 의지하려는 거지 근성을 버려라' '예스맨의 태도를 반성하라' '아무에게나 잘 보이는 일에만 신경 쓰는 사람이 너무 많다' 등 자신이 가진 원칙을 설파했는데 이는 당시로서 시대를 앞서가는 관점과 태도였다.

시라스 지로에게는 이런 일화도 있다. 그가 천황의 크리스마스 선물을 전달하기 위해 더글러스 맥아더 장군을 방문했는데, 맥아더가 그 선물을 보고는 '저기 아무 데나 두시오'라고 무례를 범하자, 격분한 시라스 지로가 "감히 일국의 리더가 보낸 선물을 아무 데나 놓으라니 무슨 소린가?" 하고 항의하고는 선물을 그대로 가지고 돌아갔다는 것이다.

위 사례에서 보듯, 시라스 지로의 '원칙'에 입각한 의사결정은 인생의 경영 판단에 있어 충분히 참고할 만하다.

살아가면서 취해야 할 자기 처신과 거취 등 모든 면에서 적용할 수 있다.

인간의 뇌는 일상적 활동 영역을 벗어난 새로운 경험에 본능적으로 매력을 느낀다.

여행이나 해외 유학, 다른 업종이나 취미 등, 주변에서 무언가를 배우거나 평소 생각하지 못했던 새로운 관심사를 다루는 커뮤니티를 찾아보는 것도 좋은 방법이다.

그러면서 '무엇을 배우면 내가 가장 크게 변화할 수 있을까?'라는 질문을 던져 보자.

그 과정을 통해 자신의 감각을 날카롭게 연마해 보는 것이다.

　그렇게 감각을 쌓아 나간다면 자신이 어떤 사람이 되고 싶은지, 진정으로 무엇을 원하는지 점차 선명해질 것이다.

> **부자 뇌를 만들자!**
>
> 인생의 경영 판단에는 원칙에 입각한 의사결정이 필요하다.

감수자 칼럼
부자들이 좋은 의사결정을 하는 이유

부자의 뇌를 만들기 위해 성장시켜야 할 능력 중 하나가 바로 질 좋은 의사결정이다.

판단의 질이 낮으면 사업에 실패하거나 투자에서 손실을 볼 수 있다. 수입을 늘리는 일이 필수이지만 지출을 줄이는 일도 부를 만들어 내기 위해 중요한데 불필요한 지출을 막으려면 반드시 판단의 질이 좋아야 한다. 따라서 부자가 갖춰야 할 역량 중 하나가 의사결정이다.

뇌는 무게로 따지면 신체에서 차지하는 비중이 2퍼센트 수준에 불과하다. 하지만 사고 작용이 소모하는 에너지가 크다 보니 몸에서 소비하는 에너지의 무려 20퍼센트를 뇌에서 소비한다. 에너지를 먹는 괴물인 셈이다. 눈에 보이지 않아 인식하지 못할 뿐, 일상 속 사소한 사고 활동과 모든 의사결정 과정에서 에너지가 소모된다. 출근할 때 어떤 옷을 입을지, 아침 식사를 먹을지 말지, 택시 혹은 전철 중 무엇을 탈지, 점심에 짜장면이나 짬뽕 중 어느 것을 먹을지 등등 아주 사소한 일상 속 의사결정에서 항상 에너지를 사용한다. 그래서 의사결정을 해야 할 일이 많으면 많을수록 에너지는 빠르게 소모되고, 시간이 흐를수록 '의사결정 피로decision fatigue' 현상이 나타나 판단의 질이 떨어진다.

의사결정의 질을 유지하기 위해서는 중요한 일에 두뇌 에너지를 활용할 수 있도록 에너지를 남겨 두어야 한다. 그 방법 중 하나가 사소한 일에 신경을 쓰지 않음으로써 뇌가 에너지를 소모하지 못하도록 막는 것이다. 불필요한 일에 에너지를 쓸수록 중요한 일에 사용할 수 있는 두뇌 에너지는 줄어들게 마련이다. 스티브 잡스는 평생 검은색 터틀넥 상의에 청바지 차림만 고집했는데 '오늘은 무엇을 입을까?' 하는 불필요한 고민에 에너지를 소모하고 싶지 않았기 때문이다. 마크 저커버그는 자신이 늘 같은 옷을 입는 이유에 대해 "인생에서 결정 내리는 일을 최소화하고 싶다. 특히 오늘 입을 옷에 신경 쓰는 대신 내 주변 커뮤니티를 더 돌보는 것이 낫다."라고 말하기도 했다. 앞서, 파티에 참석한 리드 호프먼이 차림새에 신경을 쓰지 않은 사례가 바로 이러한 철학이 작용한 예다.

부자의 뇌를 가진 사람들은 경험을 통해 의사결정의 중요성을 깨닫는다. 흔들리지 않는 자신만의 의사결정 기준이 명확할수록 좋은 의사결정을 하기가 쉬워지고, 예외가 많아질수록 의사결정이 힘들어진다는 것을 매우 잘 안다. 때로는 자신의 의견만 내세우지 않고 다른 사람의 말에 귀를 기울이는 것이 중요하다는 것을 알지만, 한편으로는 지나치게 다른 사람의 의견에 휘둘리는 것도 문제를 일으킬 수 있다는 사실을 인식하고 있다. 이러한 부자들의 의사결정 습관을 잘 참고한다면, 의사결정 역량을 키우는 데 도움이 될 뿐 아니라, 부자가 될 가능성도 그만큼 높아질 것이다.

6장

★★★★★

평생 돈 걱정 없는 뇌 사용법

나만의 자본 씨앗을 싹 틔워라
돈은 좋은 기운을 찾아간다
부자 뇌는 좋아하는 것을 돈으로 바꾼다
얕은 유대에서 발견할 수 있는 보물
돈에 대한 감각을 키우는 트레이닝
돈을 얼마나 벌었는지는 결과일 뿐
뇌는 일의 행복감을 원한다

감수자 칼럼 | 부의 파이프라인을 늘려라

나만의 자본 씨앗을
싹 틔워라

종신 고용제가 흔들리는 현대 사회에서 사람들은 '언제 해고될지 모른다' '회사가 없어질 수도 있다'라는 불안감에 시달리며 직장을 다닌다.

특히 회사 내에서 뛰어난 성과를 내는 상위권 직원들이나 문제의식이 높은 경영자일수록 현 상황에 강한 위기감을 느끼고 주말 등을 활용해 사외 활동을 시작하는 경향을 보인다.

이 말인즉, 기업의 수명이 짧아진 현대 사회에서 직장에서만 계속 일하는 것은 위험한 도박일 수 있다.

물론 눈앞의 일에 전념해 자신의 시장 가치를 높이고 회사

업무를 제대로 완수함으로써 능력이 향상되기도 한다.

하지만 회사에 다닌다는 것은 곧 타인에게 의존하는 일의 방식이기도 하다. 상사가 바뀌면 여러분에 대한 평가가 완전히 바뀔 수도 있다. 조직에 속해 있으면 자신이 통제할 수 없는 일이 많다.

이런 상황에 대비해 부자의 뇌를 가진 사람은 '보험'을 확실히 마련해 둔다.

간단히 말해, 급여 소득을 유지하면서 사업 소득도 얻는 방식으로 일하는 것이다.

여기서 질문을 하나 하겠다.

'지금 당신은 월급 외에 한 푼이라도 부수입을 얻을 수 있는가?'

회사 규정상 부업이 금지되어 있다거나 별다른 재능이 없어 사업을 할 수 없다고 생각할 수도 있다. **하지만 회사에서 쌓은 경험과 능력, 또는 취미 생활이나 어릴 적 품었던 꿈 등 자신이 인생에서 얻은 능력을 차근차근 적어 보면 누구나 돈을 벌기 위한 '씨앗'을 갖고 있을 것이다.**

소니 컴퓨터 사이언스 연구소의 연구원 신분인 나 또한 기업에서 주는 월급이 수입의 전부인 때가 있었다.

그러나 현재는 가지고 있는 지식과 정보를 바탕으로 책을 써서 받는 인세와 강연료, TV나 라디오 등 매체 활동으로 받는 출연료 등 여러 가지 수입이 합쳐져서 새로운 부를 창출하는 중이다.

이처럼 소득이란 한 사람이 가진 유·무형의 자본으로 일으킨 혁신에 대한 보상이다. 물론 여전히 많은 회사와 일부 사람이 부업을 병행하는 것을 부정적으로 바라본다. 하지만 현재 우리가 살아가는 세상을 비롯해 앞으로 다가올 시대에는 다양한 수입원을 확보하는 일이 무엇보다 중요해질 것이다.

그것이야말로 우리 뇌가 이뤄 낼 수 있는 혁신의 결과이며, 돈 버는 능력을 비약시킬 것이기 때문이다.

부자 뇌를 만들자!

지금 당신은 월급 외에 한 푼이라도 부수입을 얻을 수 있는가?

돈은 좋은 기운을 찾아간다

나는 항상 사람과의 만남과 일에서 '설렘'이라는 감정을 찾기 위해 안테나를 세운다. 일을 즐기면서 할 때 나오는 긍정적인 에너지가 자연스럽게 사람을 끌어당기기 때문이다.

예전에 재미있는 실험 이야기를 들은 적이 있다. 매우 잘생긴 사람과 외모가 평범한 사람이 음식을 파는 실험이었다. 잘생긴 사람은 무표정으로, 평범한 사람은 웃는 얼굴로 음식을 팔았는데, 웃는 얼굴로 파는 사람 앞에 사람들의 행렬이 생겼다는 것이다.

뇌과학적 관점에서 볼 때, 우리 뇌는 웃는 얼굴을 보면 '이 사람은 참 즐거워 보이네', 또는 '웃는 얼굴로 판매하는 사람의 음식이 더 맛있을 것 같다'라고 사고한다.

이것이 뇌의 공감 회로가 작동하는 방식이다. 즉 우리 뇌는 상대방의 감정에 전염되기 때문에 무표정하거나 불편한 표정을 하는 사람보다 싱글벙글 웃는 사람에게 다가가야 행복해진다(신경과학자들에 따르면 사람들은 '감정적 전염emotional contagion'을 통해 자신도 모르는 사이에 자기의 기분을 다른 사람에게 전한다고 한다. 울상을 하고 앉아 있으면 감정적 전염에 따라 주위 사람들도 똑같이 우울감을 느끼고, 부정적인 기분에 쌓여 있으면 주위 사람들도 왠지 모르게 부정적 기분에 휩싸인다. 반면 즐거운 모습을 보면 주위 사람들도 덩달아 즐거워지고, 행복하게 웃는 모습을 보면 주위 사람들의 얼굴에도 미소가 피어오른다.

한 연구 결과에 따르면, 같은 집단에 속한 사람들이 느끼는 기분은 단 2시간 내에 똑같아진다고 한다. 70개의 서로 다른 집단이 회의하는 동안 연구팀이 분위기를 관찰했는데 동일 집단에 속한 개개인의 관찰자들의 기분이 모두 같아지는 현상이 나타났다고 한다. 이는 뇌 안에 있는 거울뉴런 때문인데, 이 때문에 우리에게는 마치 거울을 보듯 상대방을 보면서 그의 행동을 모방하려는 습성이 있다. 웃는 얼굴을 보면 나 또한 좋아지지만 찡그리거나 무표정한 표정을 보면 나도 그렇게 반응하게 되는 것이다.

미소를 지을 때 진심으로 즐거워서 짓는 웃음을 '뒤센 미소 Duchenne Smile'(진짜 미소)라고 하고, 항공기 승무원이나 호텔 직원들처럼 접객 목적으로 의도적으로 짓는 미소를 '팬암 미소Pan-Am smile'(가짜 미소)라고 한다. 심리학자 대커 켈트너Dacher Keltner가 100명 이상의 여성을 추적·조사한 결과 뒤센 미소를 많이 짓는 사람일수록 불안이나 고통, 절망 같은 스트레스를 덜 받고, 더 나은 대인 관계와 결혼 생활을 누렸다고 한다. 건강 측면에서도 뒤센 미소를 짓는 사람들이 훨씬 더 건강했다고 한다. 사람들이 자신을 기분 좋게 만들어 주는 사람에게 돈을 쓰고 싶어 하는 경향을 가졌다는 사실은 너무 당연한 이야기다. 이 사실은 결국 밝고 긍정적인 사람에게 돈이 모인다는 뜻이다—감수자).

그래서 많은 손님이 긍정적인 감정을 체험한 가게를 떠올리면 '다시 그곳에 가면 기분이 좋아질지도 몰라' 하는 생각을 하게 되는 것이며, 이것은 재방문의 동기가 된다. 또 손님을 맞는 가게 주인도 '우리 가게를 찾은 손님이 행복한 마음으로 돌아가면 좋겠다'라고 생각하면 자연스럽게 더 친절한 태도로 손님을 대하게 된다.

나는 서로 다른 배경과 이력을 가진 다양한 분야의 사람들과 대화할 기회를 가지려고 의식적으로 노력한다. 그리고 그때마다 상대방의 장점을 발견하는 데 집중한다.

그러려면 무엇보다 나 스스로 밝고 긍정적인 태도로 상대를 대해야 한다.

상대방으로 하여금 '이 사람은 정말 흥미롭다'라고 생각하도록 할 수 있다면 주변에 자연스럽게 사람이 모여든다. 사람이 모인다는 것은 결국 돈도 모인다는 뜻이다.

게다가 지금은 SNS가 발달해 사람과 사람, 기업과 기업 간 연결이 그 어느 때보다 쉬워졌다. 이런 네트워크 사회에서는 커뮤니티가 돈을 창출한다.

그러니 태도가 밝고 긍정적인 사람에게 돈이 모이는 것은 자연스러운 결론이다.

부자 뇌를 만들자!

사람이 저절로 모이는 곳에 돈도 저절로 모인다.

부자 뇌는 좋아하는 것을
돈으로 바꾼다

사람들은 부자까지는 아니더라도 일상을 사는 데 어느 정도 여유가 있길 바라며, 미래를 대비할 수 있을 만큼의 돈이 있기를 바란다.

사실 세상에는 평범한 직장인이면서도 돈을 잘 벌거나 잘 모으는 사람이 있다. 이런 사람들은 자신과 직면하고 지금부터 앞으로 얼마나 많은 돈이 필요한지, 또 자신이 미래에 어떤 사람이 되고 싶은지 분명하게 생각한다.

예를 들어, 저축만 해도 '방어적 저축'인지 '공격적 저축'인지를 고려하는 것이다. 내가 안정 지향 타입으로 저축을 하고 있는지, 아니면 상승 지향 타입인지, 더 나아가 돈과 어떻게 관계를 맺는 유형인지 알아야 한다.

물론 평생 직장인으로 살면서 부자가 되기는 쉽지 않다. 그럴 때는 공격적 저축을 통해 부자가 될 가능성을 키우면 된다. 그 방법으로는 창업, 투자, 부업 등 여러 가지가 있다.

하지만 지금까지 해 보지 않은 일을 상상하면 '이건 불가능해' 하고 뇌가 브레이크를 걸 것이다. ==이때는 지금 내가 하는 일의 연장선상에서 좋아하는 일로 돈을 버는 법을 떠올리는 것이 좋다.==

이것은 부자의 뇌를 관찰했을 때 공통으로 나타나는 뇌 사용법이기도 하다.

==부자의 뇌는 돈이 잘 돌아가는 구조를 자주 생각한다. 이때 자신이 좋아하는 일이면서도 누군가에게 플러스가 될 수 있는 일을 고려해 본다.== 반면 부자가 될 수 없는 뇌는 자신이 좋아하는 일이 세상 사람들에게 도움이 되고 있음에도 그것을 돈으로 바꾸지 못하는 상태다.

예를 들어, 요리를 좋아하는 사람이라면 각종 레시피를 뉴스레터 형식으로 만들어 배포하는 방법 등을 생각해 볼 수 있겠다.

이제 IT 기술의 발전으로 회사에 소속되지 않아도 분업이 가능하니, 개인도 다양한 SNS 플랫폼이나 소프트웨어 서비스, 아마존 같은 오픈 마켓 웹사이트를 활용한다면 얼마든지 아웃소싱을 할 수 있다.

즉 이전에는 큰일을 하려면 기업에 들어가야 했지만, 이제는 벤처 기업도 외부 온라인 서비스를 이용한다면 수익을 창출할 수 있는 가능성이 생긴 것이다.

이처럼 세상의 흐름과 접점을 이루지 못하면 돈은 벌리지 않는다.

이 말은 곧, 세상과의 접점만 잘 찾아낸다면 어느 곳에나 돈을 벌 기회가 있다는 뜻이다.

부자 뇌를 만들자!

부자의 뇌는 돈이 잘 돌아가는 구조를 자주 고민한다.

얕은 유대에서
발견할 수 있는 보물

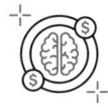

돈과 관련된 인간관계는 관계의 빈도, 상호성, 강도, 친밀도 등에 따라 두 가지 형태로 분류할 수 있다. 바로 끈끈하고 강한 유대Strong Tie와 느슨하고 약한 유대Weak Tie다.

불황을 극복하고 경제를 성장시키거나 새로운 돈을 창출하는 혁신을 일으키려면 가족이나 친한 친구, 또는 직장 동료 같은 강한 유대보다는 부담 없는 관계에 있는 지인이나 지인의 지인과 같은 약한 유대가 더 중요하다.

약한 유대의 힘 The strength of weak ties 이론은 나와 다른 문

화나 업계에 속한 사람과 얼마나 얕고 넓게 연결될 수 있는지가 나의 잠재력이 된다고 주장한다.

실제로 나는 종종 비즈니스 회의에 참석한 높은 직급의 사람이나 부하 직원들에게 존경받는 시니어 리더들에게 이렇게 질문한다.

"여러분 중 AKB48(일본에서 국민적 인기를 얻고 있는 아이돌 그룹) 멤버와 아는 분, 계십니까?"

무려 마흔여덟 명으로 구성된 이 아이돌 그룹의 멤버와 직접적으로 알거나 인연이 있다고 말하는 사람을 만난 적이 없다. 만약 그런 사람이 있다면, 이렇게 알려 주고 싶다.

"당신은, 당신 조직과 아이돌 그룹이라는 전혀 관계없어 보이는 이 두 커뮤니티를 연결하는 보조선이 될 수 있습니다."

이처럼 얕고 넓게 연결된 접점에서 새로운 혁신이 탄생할 가능성이 있기 때문이다.

많은 일자리가 약한 유대 관계에서 생겨난다.

사회적으로 비슷한 영역, 즉 강한 커뮤니티 속에 있으면 그곳에 뇌가 안주하기 쉽다. 이를 우리는 '안정'이라고 부른다.

반면 약간 거리가 있는 사람이나 완전히 다른 분야의 사람과 일을 하면 뇌가 '설렘'을 느끼고, 그 결과 혁신이 일어나 새로운 부가 창출되기도 한다.

부자 뇌를 만들자!

약한 유대의 힘으로 나의 잠재력을 키워라!

돈에 대한 감각을 키우는 트레이닝

큰 자산을 쌓아 온, 부자의 뇌를 가진 사람들이 보이는 공통된 특징 중 하나가 바로 '체력'이다.

돈을 많이 벌수록 그에 따른 직책과 부담감도 커지는데, 이것을 견딜 수 있는 마음의 강인함을 뒷받침하는 것이 바로 강인한 몸이다.

뇌과학적 견해로 말하자면, 운동은 뇌에 좋은 자극을 주고 신경전달물질의 균형을 잡아 준다.

몸이 항상 건강한 상태를 유지함으로써 얻을 수 있는 이점은 다음과 같다.

> **건강한 뇌의 이점**
> - 냉정하고 침착하게 평정심을 유지함으로써 논리적 사고를 하게 된다
> - 위기 상황에서 선택과 결단을 그르치지 않는 판단력이 생긴다
> - 경험과 이미지를 정확하게 저장할 수 있는 기억력이 향상된다
> - 역경에 처해도 끈기 있게 전향적으로 생각하는 긍정적 사고가 길러진다
> - 에너지 넘치고 활력 있는 행동력이 생긴다

이런 특성을 한마디로 표현하면 '뇌의 자기 통제력이 높아진다'라는 것이다.

운동의 효과는 이뿐만이 아니다. **뇌의 주의 시스템이 활성화됨으로써 스트레스에서 해방되고, 의욕과 집중력이 높아진다**(미국의 경제분석가 토머스 콜리Thomas Corley에 따르면 부자의 76퍼센트는 매일 30분 이상의 시간을 운동에 투자하는 반면, 가난한 사람의 87퍼센트가 운동을 하지 않는다고 한다. 부자가 되기 위해서는 올바른 사고와 의사결정 능력이 필수다. 이 능력을 키우기 위해서는 항상 맑은

정신을 유지하는 일이 필요한데 운동은 몸을 건강하게 만들기도 하지만 건강한 정신 상태를 유지하는 데도 필수다. 몸을 많이 움직일수록 뇌에 가해지는 자극이 많아지고, 혈류가 빨라져 신선한 산소 공급에 유리해지기 때문이다.

무엇보다 운동은 뇌의 인지능력을 향상시킨다. 한 연구에 따르면 운동을 시작하고 15분 후 뇌의 가소성이 향상되고 기억력이나 신체 조절 능력이 좋아진다고 한다. 또 하루 30분 이상 유산소 운동을 하면 기억력이나 문제 해결 능력, 집중력, 언어 능력 등이 두루 향상한다고도 한다. 빠른 추론 능력을 요하는 지능 과제나 이미 학습한 내용을 토대로 임기응변하는 능력도 좋아진다.

또한 운동을 하면 각종 신경전달물질의 분비에도 변화가 나타나는데, 행복감을 느끼게 하는 엔도르핀과 학습과 기억에 영향을 미치는 아세틸콜린 분비가 늘어난다. 따라서 무언가를 배우는 데 알맞은 정서적 상태를 만들어 준다. 세로토닌의 분비가 늘어나 각성 상태를 높이고 쾌활하고 명랑한 기분을 유지시켜 준다. 도파민 분비도 늘어나 집중력이 높아지고 성취감과 만족감도 올라간다. 또한 운동을 하게 되면 스트레스 대응 역량이 높아져 쉽게 스트레스를 받지 않게 되고 불안감이나 부정적 정서에서 벗어날 수 있다. 가끔 뇌 안이 안개가 낀 것처럼 뿌옇게 변하는 것을 '브레인 포그brain fog'라고 하는데 운동을 하면 이러한 증상에서도 벗어날 수 있다—감수자).

나도 되도록 매일 아침 조깅을 하려고 한다. 굳이 헬스장에 가지 않더라도 자기 페이스로 할 수 있는 트레이닝부터 시작하는 것도 한 방법이다.

매일 습관처럼 하는 운동은 분명 뇌와 몸을 활성화해 당신이 돈에 날카로운 감각을 갖도록 도울 것이다.

부자 뇌를 만들자!

매일 운동을 하면 뇌와 몸이 활성화되어 돈에 대한 날카로운 감각을 갖게 된다.

돈을 얼마나 벌었는지는
결과일 뿐

뇌과학적으로 흥미로운 한 실험이 있다. 바로 '인지부조화'에 대한 실험이다.

인지부조화란 우리가 자신의 감정과 경험에 맞지 않는 상황에 처했을 때, 그 불편함을 피하기 위해 스스로 납득하도록 자기 상태를 정당화하는 경향을 가리키는 사회심리학 용어다.

보수가 높은 그룹과 보수가 낮은 그룹에게 단조로운 일을 동시에 시키면, 점차 보수가 높은 그룹이 불평불만을 말하기 시작한다는 연구 결과가 있다.

보수가 낮은 그룹은 마음속으로 '어째서 이렇게 적은 돈을 받으면서 이 지루한 일을 하고 있는 걸까?' 하고 생각한다. 그러면 자신이 지루한 일을 하고 있다는 사실과 보수가 적다는 사실 사이에서 모순이 드러난다.

이 모순을 해결하는 방법은 두 가지밖에 없다.
하나는 보수를 올려 받는 것이다. 다른 하나는 이 단조롭고 지루한 일을 재미있다고 생각하는 것이다.
하지만 보수를 올려 받는 것은 현실적으로 어려우므로, '내가 하는 일은 가치 있는 일'이라고 생각하는 걸 택한다.

한편 보수가 높은 그룹은 '나는 이만큼의 돈을 받고 있으니까 이 지루한 일을 참고 하는 것'이라고 생각한다. 그래서 불평불만을 서슴없이 토로한다.
이런 실험을 보면, 돈을 얼마나 벌었는지는 단지 결과일 뿐이라는 사실을 이해할 수 있다.
좋은 일을 했다는 만족감이 먼저 있고, 그 후에 따라오는 것으로서 돈이 존재한다.

이 실험 결과는 고용을 창출하는 기업에도 한 가지 교훈을 준다. 단순히 급여 인상만으로는 직원들의 만족도를 높이기 어렵다는 사실이다.

그러므로 앞으로는 급여뿐 아니라, 직원의 보람을 고려한 업무 설계와 근무 환경을 조성하는 것 또한 기업의 중요 과제가 될 것이다.

부자 뇌를 만들자!

좋은 일을 했다는 만족감 뒤에 돈이 따라온다.

뇌는 일의 행복감을 원한다

어느 시대에나 인재 육성은 경제 성장 전략의 핵심이다.

일반 경제학 이론으로 고용을 생각하면, 상식적으로 모두 보수가 더 높은 직업을 원할 것으로 생각하기 쉽다. 그러나 세상의 고용 구조는 그렇게 단순하지 않다.

영화나 만화 등 콘텐츠 업계는 급여가 매우 낮은 편이다. 그럼에도 종사자들은 자신이 좋아하는 일에 보람을 느끼며 기꺼이 일한다. 반면 전통적으로 금융업은 급여가 매우 높다고 알려져 있다. 실제로 펀드 매니저의 보너스는 수억 원에서 수십억 원에 달한다.

그럼 모든 사람이 펀드 매니저가 되기를 원할 것인가 하면, 현실은 '그렇지 않다'.

우리 뇌에는 일에서 느끼는 보람 수준을 측정하는 만족도 지수가 있다.

돈을 많이 번다고 해서 우리 뇌가 반드시 보람을 느끼는 것은 아니다. 대부분의 화가나 작가, 만화가는 벌이가 넉넉하지 않아도 일에 대한 만족도가 높으므로 뇌는 불행이나 스트레스를 크게 느끼지 않는다.

가령 도쿄예술대학의 유화 전공의 응시 경쟁률은 무려 50대 1이다. 돈을 벌기 힘든 길이라고 사람들이 아무리 충고해도, 이처럼 늘 높은 경쟁률을 기록하는 걸 보면 예술이라는 세계에는 그만큼의 매력이 있음을 알 수 있다.

그들은 피카소나 지금 젊은이들이 동경하는 아이다 마코토, 미야자키 하야오를 목표로 삼고 이곳에 들어가는 것이다. 비틀스도 처음에는 밴드로서 돈을 벌지 못했지만, 자신이 열광할 수 있는 것을 그저 꾸준히 하다 보니 세계적인 톱스타가 되었고, 이것은 역사가 증명한다.

지금은 연구 분야에서 박사 학위를 취득했다고 해서 취업

자리가 넘쳐 나는 시절도 아니고, '영광의 정점'을 찍듯 명문대에 입학했다고 해서 미래가 보장되는 시대도 아니다.

==일에서 얻는 만족이란 결코 돈으로 살 수 있는 것이 아니다.==

==일의 재미와 보람은 스스로 정하는 것이다.==

일과 관련된 산업까지 폭넓게 바라본다면 꿈을 이룰 수 있는 선택지는 많다.

개인이 직업을 선택할 때는 현실적으로 돈도 중요하지만, 그보다는 자신이 열광할 수 있는 것이 무엇인지를 기준으로 삼는 게 결과적으로 좋다(직업을 통해 스스로 만족할 만큼의 수입을 얻기 위해서는 일반적으로 세 가지 조건이 충족되어야 한다. 우선 자신이 좋아하는 일이어야 하고, 그 일을 잘할 수 있어야 하며, 다른 사람들로부터 그 일을 잘한다고 인정받아야 한다.

일을 좋아해야 그 일을 할 때 뇌의 보상 회로가 가동되어 즐거움과 만족감을 느끼게 된다. 좋아하지 않는 일을 억지로 하게 되면 회피하고 싶은 마음이 생기게 되고 일을 더욱 싫어하게 된다. 좋아하는 일을 잘하게 되면 뇌에서 도파민이 분비되어 성취감과 만족감을 느끼게 된다. 좋아하는 일을 잘하는 것만으로도 뇌가 충분히 보상받을 수 있는 조건이 갖추어지는 것이다. 하지만 그것만으로는 충분한 수입을 창출할 수 없다. 프로야구 선수들은 모두 야구를 좋아하고 야구를 잘하는 사람들이다. 하지만 그들 중 누구는 큰돈을 벌지만 누군가는 겨우 먹고살 만큼만 받다가 사라지기도 한다. 따라서 마지막 퍼즐을 맞추려면 주위 사람들의 인정이 필요하다. 주위에서 그 일을 잘한다고 인정해 주면 당연히 찾는 사람들이 많아지고, 수입은 늘어날 수밖에 없다.

결국 이러한 영향으로 합당한 지위감이 생겨나고, 도파민은 물론 테스토스테론과 같은 호르몬이 분비되어 자신감이 상승한다. 좋아하는 일을 찾을 때는 기억하자. 사람의 관심사와 두뇌 작동 방식이 다르므로 어떤 일을 좋아하는지 역시 당연히 다를 수밖에 없다―감수자).

부자 뇌를 만들자!

일의 재미와 보람은 스스로 정하는 것이다.

감수자 칼럼
부의 파이프라인을 늘려라

눈앞에 커다란 물통이 있다고 가정해 보자. 물통을 채우기 위해서는 물을 공급하는 파이프가 있어야 한다. 그런데 파이프가 하나일 때와 파이프가 여럿일 때 채워지는 속도가 다르다. 파이프가 많으면 많을수록 물통에 물을 빠르게 채울 수 있다. 같은 시간이라면 파이프가 많을수록 더욱 많은 물을 채울 수 있다.

부자와 가난한 사람의 차이 중 하나는 수입원source of income에 있다. 가난한 사람은 '직업=수입원'의 등식이 적용되는 경우가 많다. 이 말은 거의 모든 수입이 자신의 직업에서 발생한다는 것을 의미한다. 그래서 몸이 아프거나 일을 할 수 없게 되면 수입이 끊기고 경제적 어려움을 겪을 수밖에 없다. 직업 외에는 수입을 만들어 낼 그 어떤 수단도 없기 때문이다. 이런 상황에서는 안정을 추구할 수밖에 없다 보니 굳이 위험을 무릅쓰고 투자할 생각을 하지 않는다. 그들이 직업을 잃지 않으면서도 돈을 더 많이 벌기 위해서는 부가적인 일을 늘리는 수밖에 없다.

반면 부자의 경우, 직업은 수입을 만들어 내는 많은 요인 중 하나일 뿐이다. 직업이 없다고 해도 다른 요인에서 창출되는 수입으로 충분히 생활이 가능하다. 저자가 말한 사업 소득은 직업 외에 소득을 만들어 낼 수 있는 원천이 다양해야 한다는 것을 의미한다. 저축을 통해 들어오는 소득, 투자를 통해 얻을 수 있는 소득, 여타 다른 방법을 통해 얻을 수 있는 소득이 많을수록 부를 축적하기 쉬워진다. 일반적으로 사업 소득의 합이 직업을 통해 벌어들일 수 있는 소득을 넘어설 때 경제적으로 안정된 상태에 이르렀다고 하며 직업이 없어도 경제적인 어려움을 겪지 않게 된다.

사업소득을 많이 만들어 낸다는 것은 파이프를 여러 개 가지고 있는 것과 마찬가지인데 그러기 위해서는 자신이 가진 재능을 한 가지 목적으로만 활용하는 것이 아니라 다양한 형태로 가공해 낼 수 있어야 한다.
예를 들어 「오징어 게임」으로 돈을 벌기 위해서는 해외에 판권을 수출하는 방법이 있다. 하지만 이런 방식으로는 파이를 키우는 데 한계가 있다. 오징어 게임을 바탕으로 온라인 게임을 만들어 출시하거나 관련된 굿즈를 만들어 파는 등, 포맷을 달리하면 추가적인 수입이 창출될 것이다. 책을 쓰는 사람의 경우 책을 팔아 돈을 벌 수도 있지만 강의를 하거나, 동영상 강의를 만들어 판매하거나, 책을 쓰고 싶어 하는 사람들을 대상으로 책 쓰기 강의를 하는 등 다양하게 자신의 능력을 활용해봄 직하다.

'부자의 뇌는 좋아하는 것을 돈으로 바꾼다'라는 저자의 말은 부자가 자신이 가진 재능을 이렇듯 다양한 형태로 변형시켜 여러 경로를 통해 수입을 창출하는 것을 의미한다고 볼 수 있다. 그러기 위해서는 내가 가진 역량을 어떻게 활용할 수 있을지 늘 고민해야 한다.

7장

돈이 움직이는 세상을 읽어라

최고의 자본은 부자의 뇌다
아이디어가 무조건 돈이 되는 시대
새로운 언어로 정보를 선점하라
영어로 더 넓은 시장에 나를 소개하라
교육에 대한 고정관념을 깨뜨리자
돈을 대하고 다루는 수업이 필요하다
정보, 인재, 돈의 선순환 관계
돈을 버는 기업이 가진 비밀
감수자 칼럼 | 좋은 아이디어는 쉽게 돈이 된다

최고의 자본은
부자의 뇌다

미국에서 벤처 기업이 성공하는 이유 중 하나는 아이디어에 돈을 투자하는 투자자가 많기 때문이다.

==지금은 아이디어가 자본이고, 아이디어를 돈으로 바꿀 수 있는 시대다.==

일반적인 투자를 비롯해, 세상에는 아이디어에 돈을 내고 싶어 하는 사람이 의외로 많기 때문에 크라우드펀딩처럼 일반인들로부터 돈을 모으는 것도 가능하다.

꽤 오래전 이야기지만, 소설 비평가 아즈마 히로키東浩紀와 사회 운동가 쓰다 다이스케津田大介는 약 1개월간의 체르노빌

취재 프로젝트에 필요한 수천만 원의 경비를 크라우드펀딩으로 모았다. 이 프로젝트의 결과물인 책은 약 2만 부가 판매되는 성과를 거두었다.

초기 자본은 부족했지만, 다양한 노하우와 창의적인 아이디어, 개인의 명성과 인지도를 결합해 성공적으로 자금을 조달할 수 있음을 보여 준 모범적인 사례라고 생각한다.

또 다른 사례로는, 어린 시절 생활 보호 대상자였다는 한 여성이 생활 보호에 대한 정보를 모은 잡지를 창간하고 싶어서 크라우드펀딩으로 돈을 모았는데, 순식간에 목표액이 모여 잡지를 출간할 수 있었다는 이야기도 있다.

이런 사례를 분석해 보면, ==타고난 부나 축적한 돈이 없더라도 누구나 '도전하는 뇌'라는 자본의 힘을 가지고 있다는 사실을 알 수 있다.==

원래 돈에 관한 제도는, 모두가 도전한다는 것을 전제로 위험 요소를 어떻게 나눌 것인지를 정하기 위해 탄생했다. 덧붙이자면, 돈은 본래 그런 것이어야 한다.

대학이라는 교육 기관도 그 역사를 거슬러 올라가 보면, 각종 연구와 공부를 하는 학자들이 있고, '여기 있는 뛰어난 학자에게 배우고 싶다'라고 생각한 학생들이 크라우드펀딩과 비슷한 형태로 돈을 모아 자연 발생적으로 생겨났다.

원점으로 돌아가 생각해 보면, 대학과 회사는 도전을 위한 안전지대가 되어야 한다. 그러나 현재 이들 기관이 너무 확고한 체제로 자리 잡으면서 점차 과보호적인 성격을 띠게 되었다.

학벌 중심 사회나 대기업 브랜드에 지나치게 의존하던 개인이 회사가 경영난을 겪어 구조 조정에 직면한다면 어떻게 대처할 수 있을까?

이러한 관점에서 볼 때, 이 과보호된 거짓의 안전지대는 실제로 아무것도 보장하지 않는다는 사실을 깨달을 수 있다.

그럼에도 여전히 많은 사람이, 그래도 좋은 대학을 나와야 한다든지 대기업은 고용이 안정적일 것이라고 인식할 것이다. 하지만 이런 과보호형 안전지대는 '근접전'에는 어느 정도 대응할 수 있을지 모르나, 거리가 멀어지면 쓸모가 없어진다.

쉽게 말해, 하버드대학교나 스탠퍼드대학교 등 세계적인 인재가 모이는 명문대가 아닌 이상, 자국 내에서 아무리 좋은 대학을 졸업한들, 그러한 이력은 대체로 한 국가에서만 통용될 뿐 외국에 가면 전혀 통용되지 않는다.

기업도 마찬가지다. 상당한 글로벌 기업이 아닌 이상 자국에서 대기업으로 인정받아도 세계 무대에서는 돈을 벌어들이지 못한다.

현대 사회에서는 개인과 기업의 발상력, 즉 아이디어가 돈을 벌어들인다.

부자 뇌를 만들자!

오늘날은 개인과 기업의 발상력, 즉 아이디어가 돈을 벌어들이는 시대다!

아이디어가 무조건
돈이 되는 시대

아이디어가 자본이 된다는 것을 거의 최초로 보여 준 플랫폼이 있다. 바로 테드TED다.

테드는 'Technology Entertainment Design'(기술, 오락, 디자인)의 약자로, 전 세계에 존재하는 전문적이고 학문적 아이디어가 한데 모이는 대규모 강연회인데 지금도 여전히 많은 사람이 관심을 갖고 찾는다.

나 역시 매년 테드 행사에 참석하는데 다양한 분야의 저명인사들이 강연에서 저마다의 깊은 통찰을 보여 주곤 한다. DNA 이중나선 구조의 공동 발견자이자 노벨상 수상자인 제임스 왓슨James Watson, 전 미국 대통령 빌 클린턴, 구글 공동 창립자 세르게이 브린과 래리 페이지, 온라인 백과사전 위키피디아 공동 설립자 지미 웨일스Jimmy Wales, 아일랜드 출신의 유명 록밴드 U2의 보컬리스트 보노 등 각계각층의 최전선에서 활약하는 학자와 기업가, 아티스트 등이 세대와 국경을 초월해 연단에 올랐다.

또한 아이디어만 좋다면, 무명의 일반인도 연사로 선정되어 강연하기도 한다.

테드가 '세계 최고의 콘퍼런스'라는 명성을 얻은 이유는 실제 강연 현장에 참석하려면 연회비 1만 달러를 지불하고 테드 회원이 되어야 했기 때문이다(2006년부터 강연 영상을 인터넷상에 무료로 배포하기 시작했다).

또한 '전파할 만한 가치가 있는 아이디어Ideas worth spreading'라는 모토를 바탕으로, 한 강연자에게 주어지는 시간은 길어야 20분, 짧게는 5분 정도다. 그럼에도 철저히 준비된 강연은 정보로서 매우 유익하며, 이 말인즉 돈으로 환산할 수 있는 아이디어라는 것이다.

기본적으로 테드 강연은 영어로 진행되지만, 현재는 대부분 강연을 자막과 함께 볼 수 있다.

    이처럼 아이디어를 돈으로 바꾸는 노하우를 공유하는 것이 테드 비즈니스 모델의 본질이며, 적지 않은 돈을 지불하고라도 그 플랫폼에 가야만 들을 수 있는 아이디어가 있다는 것은 아이디어가 돈이 되는 시대가 왔다는 증거이기도 하다('손안의 사과를 잘라서 나누면 여전히 하나지만 아이디어를 나누면 둘이 된다'라는 말이 있다. 누군가와 아이디어를 공유하면 그 가치는 더욱 높아지고 새로운 아이디어로 발전될 수 있다는 뜻이다. 우리 뇌는 다른 사람이 하는 말을 듣거나 행동을 보면 그와 연상된 사고를 떠올리게 되고 그로부터 더욱 발전된 아이디어를 이끌어 낼 수 있다.

    이러한 뇌의 특성을 '사물의 행동 유도성 objective affordance'이라고 한다. 뇌 안의 거울뉴런이 다른 사람의 말이나 행동을 보고 그 정보를 전두엽으로 보내면 전두엽은 그 정보들을 이용해서 미래에 어떤 결과를 가져올 것인지 예측한다. 그것을 바탕으로 새로운 생각을 떠올릴 수 있게 되고 사고의 상승 작용이 일어나는 것이다. TV 예능 프로그램에서 한 사람이 하는 이야기를 들은 다른 게스트가 이어서 더욱 재미있는 일화를 언급하는 것도 이러한 특성 때문이다.

    테드에서는 아이디어나 기술 등이 강연을 통해 불특정 다수와 공유된다. 공유된 아이디어는 그것을 접한 다수의 사람을 통해 더욱 발전적으로 응용될 수 있고, 기술 역시 새로운 방식으로 접목되어 파급 효과를 만들어 낼 수 있다. 테드의 유료 강연이나 유튜브의 회원 구독, 온라인 뉴스레터의 멤버십 등에 참여하는 사람들은 이미 그러한 목적을 가지고 있기 때문에 기꺼이 그 대가를 지불하려고 하는 것이다—감수자).

부자 뇌를 만들자!

아이디어가 돈이 되는 시대에는 아이디어를 돈으로 바꾸는 노하우만 있어도 부자가 될 수 있다.

새로운 언어로 정보를 선점하라

이제는 언어 능력도 돈으로 바꿀 수 있는 시대가 되었다.

언어를 배우는 의미, 예를 들어 영어를 왜 배울까라고 했을 때, 우리는 바로 인풋Input(정보 수집)의 중요성을 들 것이다. 영어를 할 줄 모르면 양질의 정보를 신속하게 얻는 것이 상당히 어렵기 때문이다.

아마 우리말로 번역된 영어 정보는 100분의 1도 안 되지 않을까?

예를 들어, 국가 간 외교 관계에 대한 정보를 얻기 위해 전문 학술지를 참고하려고 해도, 국내 논문에 실린 정보는 매우 국내 지향적이다. 반면 미국의 「포린 어페어스Foreign Affairs」나 「포린 폴리시Foreign Policy」, 영국의 「이코노미스트The Economist」 등에 실린 기고는 전 세계의 석학들이 본 다양한 외교 관계에 대한 정보를 다룬다.

말하자면 국내에서 발신되는 정보는 아무래도 '국내용'이 된다. 세계적으로 수준 높은 정보는 영어로 발신되며, 그것을 읽으면 냉철하고 객관적인 시각으로 사물을 생각하는 데 도움이 된다. 물론 그 내용이 번역되기도 하지만, 그런 경우는 매우 드물다.

물론 구글 등에서 언어 간 번역 서비스를 지속적으로 개발하고 있지만, 정확한 정보 습득을 위해서는 기본적으로 대상 언어에 대한 최소한의 이해가 필요하다.

외국어 능력이야말로 앞으로의 시대에 돈으로 바꿀 수 있는 새로운 자본이 될 수 있다.

그중에서도 특히 중요하게 생각하는 것이 인풋이다. 영어 인풋 능력을 갖추면 단순히 유익한 정보를 얻는 데 그치지 않고, 자유로운 발상에 도움을 받을 수 있으며 비용 절감이라는 이점도 누릴 수 있다.

그 이유는, 대개 비즈니스에는 '번역'이라는 업무가 존재하기 때문이다. 이 번역 작업을 아웃소싱하면 당연히 비용이 발생하며 대부분의 번역 업무는 상당히 고비용이다.

의무 교육 과정과 대학을 불문하고, 국문학 같은 분야를 제외하면 한국이나 일본 등 아시아 국가의 교육 현장에는 서구 학문에서 지식의 극히 일부를 수입해 국내에 재분배하는 구조가 있다. 수학과 과학, 심지어 예술 분야도 그렇다.

이 말은 늘 번역 비용이 든다는 뜻이다. 문화와 산업 분야 또한 마찬가지다.

그러니 꼭 한번 생각해 보기 바란다. 만약 직접 영어를 이해할 수 있게 되면, 거의 무료로 최신 정보를 접할 수 있다.

영어를 할 수 있으면 내가 원하는 때 외국 대학의 무료 온라인 강의 서비스도 볼 수 있고, 전 세계의 모든 강의를 들을 수 있다.

앞에서 언급한 테드만 해도 그렇다. 캐나다에서 진행되는 강연 현장에 가기 위한 비용과 회원비를 지불하지 않고도 영상을 직접 시청할 수 있으니 무료로 유익한 정보를 얻을 수 있을 것이다.

이런 유익한 정보를 먼저 접할 수 있으면 다른 사람과의 정보 차별화를 꾀할 수 있으므로, 그것이 새로운 돈을 창출하는 에너지가 되는 것이다.

이처럼 영어 독해력을 갖춤으로써 얻을 수 있는 이점은 헤아릴 수 없을 정도로 많다.

이제는 취업 요건으로서 영어를 요구하는 기업이 점점 늘고 있어, 아웃풋까지 포함한, 보다 실무적인 영어 능력이 필요한 시대가 되고 있다(여러 번 강조하지만 창의력을 높이기 위한 필수 사항 중 하나는 연결할 수 있는 점과 점을 많이 갖는 것이다. 즉 좋은 영감을 떠올릴 수 있는 원천이 많을수록 좋은 아이디어를 떠올릴 가능성이 높아진다. 매일 반복되는 일상만 되풀이한다면 그 안에서 새로운 아이디어를 떠올리기는 쉽지 않다. 여기서 벗어나는 방법 중 하나가 다양한 문화와 사고를 가진 사람들을 접하는 것이다. 낯선 나라를 여행하다 보면 시야가 넓어지는 느낌을 받을 수 있다. 반면 같은 언어를 쓰는 사람들의 글을 보고 말을 듣는다는 것은 동일한 사회적 관습이나 사고방식에서 벗어나지 못하는 것일 수 있다.

같은 언어권에 속한 사람들의 사고방식은 대체로 유사한 경우가 많다. 그래서 자국어로 된 정보를 접하는 것은 창의력을 높인다는 측면에서는 다소 제약적이다. 낯선 언어로 된 정보를 접하며 그 안에서 자신과 다른 관점이나 사고방식을 발견하면 자연스럽게 사고의 확장이 일어나고, 새로운 아이디어로 연결될 가능성도 높아진다. 물론 자국어로 번역된 정보를 접할 수도 있지만 번역 과정에서 변질되는 원문의 뉘앙스가 있고, 번역되는 정보는 극히 일부분이므로 영감의 원천을 넓힌다는 측면에서는 불리하다. 외국어, 특히나 국제 공용어인 영어를 자유자재로 할 수 있으면 세계 각국의 정보들을 제약 없이 받아들이게 되고, 그만큼 새로운 아이디어를 떠올릴 수 있는 원천은 넓고 깊어질 것이다. '언어를 돈으로 바꿀 수 있다'라는 저자의 말은, 언어를 자유자재로 구사할 수 있으면 더 많은 정보를 접할 수 있고 이를 바탕으로 좋은 아이디어를 떠올리면 그 지식 자본이 돈이 될 수 있다는 의미다—감수자).

부자 뇌를 만들자!

외국어 능력은 돈으로 바꿀 수 있는 새로운 자본이 될 수 있다.

영어로 더 넓은 시장에 나를 소개하라

다음은 영어 아웃풋에 관한 내용이다.

많은 사람이 여전히 영어로 자기 생각을 표현하는 데 상당한 어려움을 느끼는 것 같다.

나 역시 영어로 아웃풋하려고 꾸준히 노력하고 있는데, 영어로 생각을 표현할 수 있게 되면 개인의 가치도 함께 높아질 것이라 생각하기 때문이다. 예를 들어, 외국인들에게 자국에 대해 알리기 위해 '우리나라의 매력 포인트'를 영어로 꾸준히 소개해 보는 것은 어떨까?

이를 실천하고 있는 것이 바로 긴자의 유명 초밥집인 규베에久兵衛다.

초밥은 세계적으로 인기를 얻고 있는 음식이다. 규베에의 주인은 일본의 총리와 함께 세계를 돌며 '초밥은 꼭 일본에 와서 먹어 보라'라며 해외에 일본 음식 문화를 소개하고 있다.

초밥이나 소바뿐 아니라 오늘날은 다양한 문화 수출의 시대다. 이런 시대이기 때문에 영어로 그 나라의 문화를 널리 알리면 국가의 부가 가치를 높일 수 있다.

이처럼 영어 아웃풋의 가장 큰 이점은 나, 나의 회사, 더 나아가 내 나라를 더 넓은 시장에 알릴 수 있다는 점이다.

그와 동시에 '상대의 동의를 구할 수 있다'라는 이점도 있다.

국가 경제는 외국에서 유익한 정보와 각종 문화, 학문, 산업 기술을 받아들이고 이를 국내에서 재분배하는 과정을 통해 순환된다.

하지만 그 파이가 점점 축소되고 있으므로, 이제 국내에서 해외로 정보를 발신해서 경제를 글로벌하게 순환시켜야 시장도 크게 확장되지 않을까?

이 시장은 바로 '블루 오션Blue Ocean'(경쟁이 없는 신시장)이다. 지금껏 손대지 않은 시장을 겨냥해서 새롭게 진입해 성공한다면 매우 큰 효과를 기대할 수 있을 것이다.

이를 위해서는 언어를 돈으로 바꾸는 발상이 필요하다.

부자 뇌를 만들자!

언어를 돈으로 바꾸는 발상이 필요하다.

교육에 대한
고정관념을 깨뜨리자

　교육을 생각할 때 가장 먼저 드는 마음은 파괴적 혁신을 통해 대학을 변화시키고 싶다는 것이다. 그렇게 하지 않으면 성장이 어려울 것이기 때문이다.

　실제로 나는 가끔 농담으로 '도쿄대학의 입학 정원을 100만 명으로 늘리자'라고 말한다. 좀 더 구체적으로 이야기하자면, 최근 학생들에게 이런 질문을 자주 한다. "여러분, 학비를 얼마나 내고 있나요?" 와세다나 게이오 같은 사립 대학의 경우, 연간 1,500만 원 이상의 학비를 낸다. 반면 고객이 연간 그 정도의 금액을 지불하는 산업은 그리 많지 않다. 즉, 교육 분야에서 그만큼 많은 돈이 움직이고 있다는 것이다.

여기서 질문을 하나 하겠다. 학생들은 대학에 1,500만 원이라는 큰돈을 내는 대가로 어떤 서비스를 받고 있을까? '1,500만 원이라면 지금 대학이 제공하는 교육보다 더 훌륭한 서비스를 제공할 수 있다'라고 하는 사람과 기업이 등장해도 전혀 이상하지 않은 금액이다.

예를 들어, 무료 온라인 강의 서비스를 영어 기반으로 진행하고 논문 채점도 자동화할 수 있다면 100만 명이 듣는 강좌가 가능할 수도 있다. 현 대학 강의는 한 교실에 학생이 많아야 100명이나 200명이다. 교수의 수준도 수업의 질도 제각각이다.

즉, 그런 물리적 제약이 없다면, 하버드대학교의 마이클 샌델 교수가 진행하는 듯한 수준 높은 수업을 5만 명이 넘는 학생이 수강하도록 하고, 논문을 제출하고, 채점하고 점수를 매기는 시스템을 만들 수 있다.

그 밖에도 1,500만 원이면 다양한 서비스를 제공할 수 있다. 예를 들어, 그중 300만 원만 사용해도 여름 방학에 해외에서 1개월간 영어 연수를 할 수 있고, 인턴십 준비금으로 사용할 수도 있다.

대학을 비판할 의도는 전혀 없지만, 현재 대학의 산업 구조는 기득권의 소용돌이 속에서 진화(혁신)가 완전히 멈춰 버린 상황이다.

그렇기 때문에 혁신을 일으킨다면 이 구조를 단번에 바꿀 수 있을 것이다(저자의 말은 저렴한 비용으로 보다 많은 사람이 양질의 교육을 받을 수 있도록 하면 좋겠다는 의미다. 하지만 한편으로는 질적인 측면에서 수준이 낮아질 우려도 있다. 'N 효과$_{N\ effect}$'라는 것이 있다. 경쟁자가 많아질수록 스스로 경쟁을 포기하고 노력을 덜 하게 된다는 이론이다. 열 명의 경쟁자가 있을 때는 열심히 노력하면 상위에 오를 수 있으리라는 기대가 있지만, 경쟁자가 100명으로 늘어나면 짐짓 '나는 절대 상위권에 오를 수 없겠다'라고 여기며 노력을 포기한다는 것이다. 그러면 뇌의 보상 시스템이 덜 활성화되어 도파민 분비가 줄어들게 되고, 따라서 열심히 해야 하는 동기를 잃어버리게 된다. 뇌 안에 '전측대상피질'이라는 부위는 사회적 비교와 관련이 있는데 경쟁자가 적을 때는 이길 가능성이 있다는 신호를 보내 동기 부여를 하지만 경쟁자가 많아지면 노력하는 게 의미가 없다는 판단을 내리도록 만든다. 또한 경쟁자가 많아질수록 그들과의 관계를 고려해야 하므로 전두엽의 부하가 늘어나게 되고 주의력과 집중력이 떨어진다. 도쿄대의 정원을 100만 명으로 늘리게 되면 다수의 학생이 좋은 교육을 받을 수 있는 장점은 있을 수 있지만 100만 명이라는 압도적인 경쟁자들의 숫자에 질려 노력을 포기하는 학생들이 발생해 전체적인 수준이 저하될 수도 있다—감수자).

미국의 하버드대학교는 연간 4,000~5,000만 원의 학비를 받는다. 매우 비싼 금액이지만, 이 대학을 다니면 '가치 대비 금액'을 넘어서는 대가가 주어진다. 그렇기 때문에 전 세계의 부유층이 하버드대학교에 자녀를 보내려 하는 것이다.

하버드대학교에는 '하우스'라는 제도가 있어서, 국적이나 가문 관계없이 학생들이 기숙사 생활을 하게 되어 있으며, 그렇게 동고동락하면서 다양한 분야를 두고 토론을 한다. 마크 저커버그도 그중 한 명이었다. 이처럼 하버드에서는 대학 수업 외에도 밀도 높은 네트워크 구축이 가능하도록 하는 등, 경험의 가치를 제공하고 있다.

부자 뇌를 만들자!

파괴적 혁신을 통한 교육 현장의 변화와 성장이 필요한 때다.

돈을 대하고 다루는
수업이 필요하다

　일본의 경우, 대학 순위는 입시 편찻값으로 결정된다. 그러나 교육에 역사적으로 정평이 있는 영국의 「타임스」가 매년 발행하는 정보지 「타임스 하이어 에듀케이션Times Higher Education」의 대학 순위에서는 입시 편찻값을 보지 않는다. 대학의 교육, 연구, 사회적 기여도와 같은 '질'을 보는 것이다. 즉 편찻값 경쟁을 폐지하고 실질적인 4년간의 대학 교육으로 승부하는 시대가 온다면, 그것이 바로 혁신이다.

　또한 현재와 같은 대학 환경에서 '갭이어Gap year' 제도의 도입을 제안하고 싶다. 갭이어란 영국 대학 교육의 관습 중 하나로, 입학 자격을 취득한 18세에서 25세 사이의 학생이 사회적 견문을 넓히기 위해 입학까지 1년의 유예 기간을 부여받는 제도다. 학생들은 그동안 외국에 나가거나 장기 아르바이트 또는 봉사 활동을 할 수 있다. 갭이어의 이점으로는 학생들이 그 기간 동안 돈을 대하고 다루는 방법을 배울 기회를 갖는다는 것, 또 국제 경쟁력 향상을 들 수 있다.

요즘 대학생들은 대학을 '학점을 따서 취업을 하기 위한 수단'으로 보는 경향이 있는 것 같다. 이런 인식은 나쓰메 소세키의 『산시로』에서도 잘 드러난다. 소설 속 주인공 산시로도 처음에는 대학에 기대를 품고 입학하지만, 친구 요지로는 '그런 수업은 쓸모없어'라고 일갈한다. 이후 산시로는 실제로 재미없는 수업을 경험하면서 점차 수업에 나가지 않게 된다. 이것은 대학 수업에 대한 낮은 기대치가 오래전부터 존재해 왔음을 보여 준다. 이러한 현실을 바꿔야 한다.

부자 뇌를 만들자!

학생들이 돈을 대하고 다루는 법을 배울 기회가 필요하다.

정보, 인재, 돈의 선순환 관계

한번은 국제인권감시단Human Rights Watch, HRW이라는 국제 인권 단체의 자선 행사에서 '모기 겐이치로를 12시간 동안 구속할 권리'라는 이름으로, 나의 시간을 경매 물품으로 내놓은 적이 있다.

당시 내 시간을 낙찰받은 사람은 아소 지로라는 셰어하우스 운영자였는데 그에게서 셰어하우스에 대해 여러 이야기를 들으면서 셰어하우스는 정말 흥미로운 혁신 사례라고 생각했다. 방도 좁고 욕실도 화장실도 없는 환경이어서 보통 그런 곳에는 아무도 들어가지 않을 것 같지만, 놀랍게도 만실이라고 했다.

셰어하우스뿐 아니라 공유오피스도 마찬가지다. 공유 환경을 이용하는 사람은 대부분 직장인이며, 다양한 업종에 있는 사람이 함께 생활한다.

즉 '커뮤니티 빌딩'이라는 관점에서 공유 환경은 흥미롭게 볼 만한 요소가 많다.

그렇다면 어떤 측면이 그렇게 혁신적일까?

공유 환경에서는 다양한 분야 종사자 간 교류가 이루어지며, 각종 정보와 지혜가 공유된다. 이것은 애플의 공동 창업자인 스티브 잡스와 스티브 워즈니악, 마이크로소프트의 빌 게이츠, 구글의 브린과 페이지도 실천했던 일이다.

일본의 경우, 19세기 중요한 사설 학당인 쇼카손주쿠松下村塾의 사례에서도 비슷한 이점을 엿볼 수 있다. 당시 학당을 운영했던 요시다 쇼인과 학생들 사이의 거리가 매우 가까웠다는 것을 깊이 느낄 수 있다. 또한 일본 유명한 교육자이자 사상가 후쿠자와 유키치福澤諭吉가 공부했던 데키주쿠適塾라는 학교에서는 한 권의 네덜란드어-일본어 사전을 모든 학생이 함께 사용했다고 한다. 이처럼 좁은 공간에서는 '뜻을 함께하는 공동체'가 형성된다(당시 일본은 에도시대 말기로, 250년 이상 지속된 쇄국정책을 끝내고 서양 문물을 받아들이기 시작한 때다. 전통적인 교육 기관 외에 쇼카손주쿠와 데키주쿠처럼 다양한 사설학당이 등장했으며 학생들 사이에 긴밀한 관계와 공동체 의식 형성에 기여했다—옮긴이).

이렇게 뜻을 함께하는 공동체는 밀도 높은 커뮤니티가 아닌 곳에서는 좀처럼 생겨나지 않는다.

실제로 공유 환경은 IT뿐 아니라 창업을 고려할 때도 안성맞춤인 혁신이다.

공유 환경에서 서로 비즈니스 노하우를 제공한다면, 틀림없이 살아 있는 정보의 산실이 될 것이다.

훌륭한 정보의 보고에서 훌륭한 인재가 탄생한다.

훌륭한 인재가 탄생하면 돈이 순환하고, 경제가 움직인다.

그런 의미에서 공유 환경은 돈을 초월한 커뮤니티의 가치를 상징하는 가장 현대적인 움직임이다.

이러한 혁신의 결과로 지금까지 없었던 것이 나타나면 처음에는 낯설 수도 있지만, 아직 아무도 손대지 않았다는 것, 즉 경쟁자가 없다는 것이 돈을 벌어들이는 계기가 될 것이다.

그것을 노리는 것이 성장 전략으로는 가장 옳다.

경쟁자들로 가득한 시장에서는 경쟁에서 이겨도 독보적인 승리를 거둘 수 없기 때문이다.

따라서 지금까지 전혀 없었던 사회 구조를 만들거나 시대의 요구에 맞는 인재를 양성해야 한다.

예를 들어, '우리 대학은 구글 본사 같은 회사에 갈 학생들을 육성합니다'라는 명확한 목적을 가진 대학이 있다면 분명 혁신이 일어날 것이다.

부자 뇌를 만들자!

훌륭한 정보가 공유되면 훌륭한 인재가 탄생하고, 훌륭한 인재가 탄생하면 돈과 경제가 움직인다.

돈을 버는 기업이
가진 비밀

루이 비통과 에르메스 등 역사 있는 브랜드 제품은 당연히 비싸다. 그렇지만 브랜드가 "어떻게 비싼 물건을 많은 사람에게 팔아서 이익을 극대화할 것인가?"에만 골몰한다면 브랜드 가치는 순식간에 떨어질 것이다.

브랜드의 가치는 바로 혁신을 일으킨 기업의 '혁신 프리미엄'이다.

브랜드 구축은 혁신의 한 형태이며, 쉽게 모방할 수 없다. 코카콜라도 원액의 배합을 기업 비밀로 관리하고, 켄터키 프라이드치킨도 조미료 제조법을 공개하지 않는다. 그 이유는 원액 배합이나 조미료 제조법을 만들어 낸 것이 하나의 혁신이기 때문이다.

이 제조법의 비밀은 두 브랜드에 신비감을 더하고 소비자들을 끌어들이는 매력을 유지하는 데 일조한다.

사실 성공적으로 지속되는 브랜드가 '어떻게 그만큼의 힘을 가졌는지'에 대한 이유는 아무도 모를 수도 있다.

그 힘은 금전적 가치로 환산할 수 없는 무형의 요소이며, 이익은 단지 결과일 뿐이기 때문이다.

애플도 그렇지만, 강력한 흡인력을 가진 브랜드는 돈을 초월한 스토리를 지니고 있다.

부자 뇌를 만들자!

강력한 흡인력을 가진 브랜드는 돈을 초월한 스토리를 갖고 있다.

감수자 칼럼
좋은 아이디어는 쉽게 돈이 된다

좋은 아이디어는 쉽게 돈이 된다. 창의력이 뛰어난 사람 혹은 창의적인 제품을 만들어서 파는 기업은 쉽게 돈을 벌 수 있다. 특히 '제품 개발에 필요한 기술은 모두 만들어졌다'라고 인식되는 요즘 같은 시대에는 창의적인 아이디어 하나만으로도 큰돈을 벌 수 있다. 안타깝게도 상당수의 사람은 창의력을 어려운 것으로 여기고 자신과는 무관하다고 생각하는 경향이 있다. 자신의 두뇌는 창의적인 사고를 떠올리기에는 적합하지 않다고 여긴다. 그 이유 중 하나는 창의적인 아이디어라는 것이 마치 하늘에서 보물이 떨어지듯 생겨나는 것이라 여기기 때문이다. 하지만 창의적인 아이디어는 절대 무에서 유를 만들어 내듯 만들어지지 않는다.

창의력이 생각처럼 어렵기만 한 것은 아니다.
창의력의 대가라고 인정받는 조이 길포드Joy Guilford는 창의력을 '주어진 사물이나 현상에 대해 새로운 시각에서 다양한 아이디어나 산출물을 표출할 수 있는 능력'이라고 정의했다. 하늘에서 뚝 떨어지는 것이 아니라 기존에 주위에서 존재하는 것들로부터 새롭게 '발견'하는 것에 가까운 일이다. 따라서 창의력을 발휘하기 위해서는 무엇보다 풍부한 경험이 필요하다. 어린 시절에 많은 경험과 추억을 가진 아이들일수록 성장 과정에서 창의적인 사고를 발휘하는 경향이 강하다. 경험이 풍부하고 그것들을 끄집어낼 수 있는 기억력이 뛰어날수록 연결할 수 있는 지점들과 새롭게 바라볼 수 있는 대상이 많아지기 때문이다.

풍부한 경험 외에 창의력을 발휘하기 위한 두 번째 조건은 '멍때리기'다. 뇌는 무언가 집중해서 과제를 수행할 때는 '주의 모드'가 가동되지만 일에서 벗어나 아무것도 하지 않을 때는 '디폴트 모드 네트워크Default mode network'가 가동된다. 주의 모드와 디폴트 모드는 완전히 다른 두뇌 부위를 활용한다. 디폴트 모드가 가동될 때 뇌 안에서는 주의 모드일 때 받아들인 정보들을 검색해서 쓸모없는 것은 버리고 쓸 만한 것들은 서로 연결하거나 기존의 정보와 결합시키는 등의 일이 일어난다. 점과 점을 연결하는 작업이 이루어지는 것이다. 그렇게 서로 무관해 보이는 정보들을 결합하는 과정에서 좋은 아이디어가 반짝하고 떠오르는 경우가 많다. 서양에서 말하는 3B(버스bus, 침대bed, 욕조bath)나 동양의 3상(마상馬上, 침상枕上, 측상廁上)은 일에서 벗어나 휴식을 취하는 순간을 가리키는 장소인데, 아르키메데스가 부력의 원리를 떠올린 것이나 뉴턴이 만유인력을 떠올린 것도 이러한 장소와 순간이었다.

그렇다고 해서 멍때리고 휴식만 취해서는 창의적인 아이디어를 떠올릴 수 없다. 해결해야 할 문제에 몰입해서 치열하게 고민하고 어느 순간 문제에서 벗어나 휴식을 취할 때 뇌에서 알파파가 분비되면서 창의적인 아이디어가 떠오를 가능성이 높아진다. 일만 하는 '바보'보다는 가끔씩 휴식을 취하면서 뇌를 순수의 상태로 돌려놓는 것이 좋은 아이디어를 떠올릴 수 있는 방법이다.

나오며

돈을 부르는 뇌의 주인이 되라

지금까지 내 인생에서 가장 중요한 경영 판단은 대학에서 법학부를 선택한 일이다. 비록 학업은 예상과 달리 어중간하게 마무리되었지만, 그때 내게는 매우 큰 결단이었다.

또한, 뇌과학 연구를 하기로 선택한 것도 큰 결단이었다.
당시 뇌과학은 전혀 인기가 없는 분야여서, 지금처럼 이렇게 뇌과학 붐이 일어날 것은 상상도 하지 못했다.
이러한 인생의 큰 선택과 결단이 모두 자신의 경영 판단에 따라 내려진다.

케임브리지대학교에서 유학한 것도 그렇지만, 유학지를 영국으로 선택한 것은 단순히 미국보다 영국의 수준이 더 높다고 생각했기 때문이다. 물론 지금의 나라면 주저 없이 미국행을 택했을 것이다.

그렇게 생각해 보면, 만약 그때 미국에 갔다면 인생이 전혀 다른 궤적을 그렸을 것 같다.

이렇듯 인생에는 그 국면마다 갈림길이 있고, 그 갈림길에서 어떤 투자를 하고, 또는 어느 길로 가는지에 따라 인생이 크게 바뀐다.

아인슈타인은 어려운 길과 쉬운 길이 있다면 '어려운 길을 선택하라'라고 말했지만, 꼭 어려운 길을 선택하는 것만이 정답은 아니다.

중요한 것은 항상 다른 계획(대안)을 준비해 두는 것이다.

'내게는 다른 가능성이 있지만, 지금은 이 길을 선택했으니 후회 없이 최선을 다하겠다'라고 다짐할 때 인생의 빛나는 순간이 찾아온다.

잡스처럼 '오늘이 인생의 마지막 날이라면, 지금 하고 있는 일을 오늘 하겠습니까?'라고 자문해 보는 것도 좋겠다.

앞으로 많은 선택과 결정을 내려야 할 젊은이들은 인생의 갈림길에 설 때마다 '이것이 경영 판단이다'라는 인식을 꼭 하기 바란다. 그것이야말로 부를 창출하는 뇌 사용법의 핵심이다.

지금까지는 주체적 판단을 회피하며 살아왔을 수도 있다. 대학 선택조차 그저 점수에 맞춰서 결정하면 된다고 여겼을지 모른다. 그러나 사실 '자신이 무엇을 배우고 싶은지'를 고민했어야 한다. '내 성적으로 갈 수 있는 대학'이라는 이유만으로 대학을 결정하는 것을 선택이라고 할 수 없다.

모든 대학의 점수가 같다고 한다면, 어느 대학이 내게 가장 적합한지 진지하게 고민할 것이다. 취업도 그렇다. 모든 기업의 조건이 같다면 자신이 어떤 일을 하고 싶은지 진지하게 생각하게 될 것이다.

뇌과학 연구자로서 나는 '사람이 살아가면서 진정으로 선택하고 있는 것은 무엇일까'라는 의문을 자주 품는다.

경영, 투자, 또는 돈을 번다는 인생의 기본적인 영역에서 항상 '나는 이게 좋아'라고 스스로 결단하고 선택할 수 있는 사람은 부자가 될 잠재력이 크다.

뇌는 '선택' 행위를 의식적으로 반복함으로써 가장 효과적으로 단련된다.

　인생의 경영 판단을 할 때 중요한 것은 '내 인생의 주인공이 바로 나 자신'이라는 인식이다.

　이 책의 주제는 돈이지만, 그보다 먼저 내가 어떻게 살아가고 싶은지에 대한 인생 계획이 있어야 한다는 것을 강조했다. 돈에 대한 계획은 인생 계획의 토대 위에 세워져야 한다.
　돈에 대해 깊이 탐구하다 보면 결국 인생관이라는 종착역에 도달하기 때문이다.
　회사 경영, 투자, 더 나아가 부자가 되는 것 같은 일은 특별해 보일 수 있지만, 사실 이 모든 것이 '어떻게 살 것인가'라는 근본적인 물음과 다르지 않다.

　마지막으로, 이 책이 완성되기까지 큰 도움을 주신 출판 프로듀서 간바라 히로유키 씨에게 깊은 감사의 말씀을 전한다.

옮긴이 오시연
동국대학교 회계학과를 졸업했으며 일본 외국어전문학교 일한통역과를 수료했다. 번역 에이전시 엔터스코리아에서 출판기획 및 일본어 전문 번역가로 활동하고 있다. 옮긴 책으로는 『당신의 뇌는 최적화를 원한다』, 『뇌내혁명』, 『뇌는 행복을 기억하지 않는다』, 『마흔에 읽는 우화』, 『2030년, 돈의 세계지도』, 『무엇을 아끼고 어디에 투자할 것인가』, 『케톤혁명』 등이 있다.

KI신서 13530
부자의 뇌

1판 1쇄 인쇄 2025년 4월 15일
1판 1쇄 발행 2025년 5월 1일

지은이 모기 겐이치로
옮긴이 오시연
감수자 양은우
펴낸이 김영곤
펴낸곳 (주)북이십일 21세기북스

정보개발팀장 이리현 **정보개발팀** 김민혜 이수정 박종수 김설아
교정 교열 박지석 **디자인 표지** 베어 **본문** 푸른나무디자인
출판마케팅팀 남정한 나은경 한경화 권채영 최유성 전연우
영업팀 한충희 장철용 강경남 황성진 김도연
해외기획실 최연순 소은선 홍희정
제작팀 이영민 권경민

출판등록 2000년 5월 6일 제406-2003-061호
주소 (10881) 경기도 파주시 회동길 201(문발동)
대표전화 031-955-2100 **팩스** 031-955-2151 **이메일** book21@book21.co.kr

ⓒ 모기 겐이치로, 2025
ISBN 979-11-7357-240-1 03190

* 원서 출판 프로듀서 간바라 히로유키(神原博之)
* 원서(일본어판)는 종합법령출판에서 발간한 『부자 뇌와 가난한 뇌』(2013)를 개제 및 재구성하여 문고판으로 출간하였다.

(주)북이십일 경계를 허무는 콘텐츠 리더

21세기북스 채널에서 도서 정보와 다양한 영상자료, 이벤트를 만나세요!
페이스북 facebook.com/21cbooks   블로그 blog.naver.com/21c_editors
인스타그램 instagram.com/jiinpill21   홈페이지 www.book21.com   유튜브 youtube.com/book21pub

책값은 뒤표지에 있습니다.
이 책 내용의 일부 또는 전부를 재사용하려면 반드시 (주)북이십일의 동의를 얻어야 합니다.
잘못 만들어진 책은 구입하신 서점에서 교환해드립니다.

일상에서 마주친 사유의 정거장

아포리아는 '해결하기 어려운 난제'를 뜻하는 그리스어로,
사유의 지평을 넓혀줄 '새로운 클래식'입니다.
지금까지와는 다른 삶 속으로 나아갈 우리가 탐구해야 할 지식과 지혜를 펴냅니다.

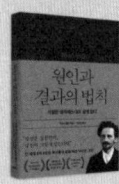

01 제임스 앨런 원인과 결과의 법칙

사람은 생각하는 대로 살게 된다

120년이 넘도록 메시지가 재생산되고 있는 제임스 앨런 지혜의 정수!
'나'로 살고 싶다면 가장 먼저 바꿔야 할 것은 바로 당신의 '생각'이다.
전 세계 1억 5천 만 독자들의 삶을 바꾼 위대한 고전.

제임스 앨런 지음 | 박선영 옮김 | 184쪽(양장) | 값 19,800원

02 제임스 앨런 부의 여덟 기둥

부의 잠재력을 깨우는 위대한 공식

경제적 자유를 꿈꾸는 당신을 위한 제임스 앨런의 가르침. 자신의 내면에
부의 원천을 지닐 수 있도록 생각과 습관을 바꾸는 방법을 알려준다. 부자
가 되고 싶다면 꼭 읽어야 할 책.

제임스 앨런 지음 | 임경은 옮김 | 360쪽(양장) | 값 23,800원

03 제임스 앨런 운의 법칙

내면의 힘이 운의 크기를 결정한다

제임스 앨런이 자신의 삶에 직접 적용하면서 찾아낸 인생의 원칙. 바른 길
을 선택할 수 있는 영감과 원하는 것을 이룰 수 있는 강력한 힘을 주는 책!

제임스 앨런 지음 | 박은영·이미숙 옮김 | 704쪽(양장) | 값 33,800원